本书获2020年度湖南省哲学社会科学基金项目"孔子教化之教育现象学阐释"（项目编号：20YBA169）资助。

U0598163

下学上达 立己达人

孔子作为师者典范的教育哲学阐释

古典教育论丛

孙意远 著

 湖南师范大学出版社

· 长沙 ·

图书在版编目（CIP）数据

下学上达　立己达人：孔子作为师者典范的教育哲学阐释／孙意远
著. --长沙：湖南师范大学出版社，2024. 11. --ISBN 978 - 7 - 5648 - 5580 - 2

Ⅰ. G40 - 092

中国国家版本馆 CIP 数据核字第 2024T13E98 号

下学上达　立己达人——孔子作为师者典范的教育哲学阐释
Xiaxue Shangda　Liji Daren——Kongzi Zuowei Shizhe Dianfan de Jiaoyu Zhexue Chanshi

孙意远　著

◇出　版　人：吴真文
◇责任编辑：吴鸿红
◇责任校对：李　开
◇出版发行：湖南师范大学出版社
　　　　　　地址／长沙市岳麓区　邮编／410081
　　　　　　电话／0731 - 88873071　88873070
　　　　　　网址／https：// press. hunnu. edu. cn
◇经销：新华书店
◇印刷：长沙市宏发印刷有限公司
◇开本：170 mm × 240 mm
◇印张：11. 5
◇字数：210 千字
◇版次：2024 年 11 月第 1 版
◇印次：2024 年 11 月第 1 次印刷
◇书号：ISBN 978 - 7 - 5648 - 5580 - 2
◇定价：69. 00 元

凡购本书，如有缺页、倒页、脱页，由本社发行部调换。

总　序

　　我们生活在一个越来越趋新的时代，"新"本身越来越多地成为一种价值。人们认为，"新"的就是好的，"古"的就是过时的，这样的结果就是人类、民族历史上孕育的价值被截断，不再向着当下涌流。一个民族的核心价值在历史的深处，历史深处蕴含着个体生命扎根的可能性，也蕴含着个体生命成长源源不断的动力。核心价值包蕴在经典之中，民族的经典乃是在历史进程之中不断地被选择、解释、重构而成，是在开放而持续地认同、阐释与创造中共同造就的。显然，先贤的杰出思想并不仅仅属于先贤，同样属于历史，属于民族。古典时代先贤的思想其实就包含了一个民族在精神成人方面那些最关键的基因，或者说遗传密码。亲近中西古典，就是让我们与民族、人类深远的精神血脉相连通，进而让我们自身活得厚朴而通透，活得高远而自信。而古典教育就是面向人类文明与个体生命的根本问题，以研读经典文本和阐发义理为主要方式，旨在获得对古典文明传统的深入理解，生成立足于民族历史文化传统的成人典范与教育法则，进而廓清个体成人的文化源起，为置身现时代的个体整全成人敞开内在可能性。

西方古典教育酝酿于 14 世纪文艺复兴初期，时人以人文主义为核心，借助复兴古代希腊罗马文化来再现古典精神的静穆与伟大，唤醒人们对自由卓越人性的欲求，寻求现代生活的思想范式，开启并主导近代欧洲人类思想的启蒙与解放。对古典教育的重视使得希腊拉丁文法、文献阐释学、历史学、铭文学等学科得到了充分的发展，深刻影响了西方中等教育与高等教育体系的建构。1538 年，路德派教育家、斯特拉斯堡督学斯图谟创办第一所以希腊语和拉丁语等古代语言和古希腊、罗马文学为主要教学内容的古典文科中学，开启欧洲近 300 年的中学古典教育范式。1783 年，沃尔夫在哈勒大学开设首个古典学的研讨班，古典教育逐步在高等教育界成为一门以解读和阐释古希腊语和古拉丁语文献为基础的、多学科全方位地研究古代希腊罗马文明的综合学科，即古典学。19 世纪以后，古典学的研究内容扩展至但丁、塞万提斯、莎士比亚等人文主义名家的经典，并逐渐成为西方知识体系中必不可少的基础人文学科，古典教育也逐渐成为西方人文教育的核心。随着人们对新知识领域的探索、民族国家的崛起和市场经济的兴起，古典教育的重要地位逐步被崇尚进步与实用的专业教育取代。直至 19 世纪中末期，英国的托马斯·阿诺德、马修·阿诺德、纽曼和利文斯通等人呼吁保卫古典教育，以期通过古典教育来重新赓续文明传统，并为个体精神成人提供路标。进入 20 世纪后，面对过度强调工具理性和实用价值带来的现代性危机，以哈钦斯为代表的教育家对高度专业化的高等教育进行了批判，并于 1942 年在芝加哥大学实行以伟大作品阅读、苏格拉底式教学、综合测验和大学预科为特征的四年制本科生教育模式，将古典教育以通识教育的形式融合于现代大学体制。

我国古典教育包含两个方面，一是引进西方古典文化传统，二是传承自身古典文教传统。早在明末，就有士人与来华传教士陆续译介古希腊拉丁文献，传播西方古典文化。进入 20 世纪，梁启超、周作人等不遗余力地介绍古希腊文明，希冀以希腊之精神改造我国的国民性。1940 年后，陈康开创了我国的希腊哲学研究，发出欲使欧美学者以不通汉语为憾的豪言壮语。罗念生一生献身希腊文学翻译，张竹明和王焕生亦致力于希腊和拉丁文学译介。进入 21 世纪，以甘阳、刘小枫主编的"西方传统·经典与解释"译丛为主导，一批学人旨在以注疏经典的方式推进学界对西方思想大传统的深度理解。中国人民大学、北京大学、清华大学、中山大学等高校，以设立古典文明研究中心、古典学专业、博雅学院等方式进行古典教育的实践与探索。中国一直有着非常深厚的古典文教传统，从春秋孔子言"庶富教"、孟子主"善政不如善教"、荀子倡"美教化"、汉儒"明教化"、魏晋"自然与名教"之辩、宋元理学教化、明代良知教化、清代礼教兴起，到近现代，梁漱溟依然强调"宁在教化"，牟宗三着力辩护"教化之大防"，徐复观亟亟提点"教化精神"乃儒家精神性格最伟大的一面，可见以儒教为核心的古典教化传统贯穿于中国文化思想之中，并向世界贡献了极具中国特色的古典教育制度和模式——科举制和书院。

当下，回返古典就是让我们在天地人神之间开启更为本真、更为基本的存在，由此而更充分地打开自我，让我们的生命变得更宏阔。倡导古典教育研究，乃是要应对当代教育理念无根的问题，扎牢中国式教育现代化的根基。追寻古典教育之光，就是要在时代的喧嚣之中认真聆听古典智慧，以唤起我们内心的高贵与宁静，亦如夫子自道所云"发愤忘食，乐以忘忧"，从容地行走在天地之中、古今之际。

因而，今日我们重返古典教育传统并不是一味好古，而是在当下时代背景之中不断地激活古典思想资源，缘此来追问人类生命的根本问题，帮助人们更好地面对与回应今日教育和生活提出的挑战。倡导古典教育研究，意在让我们在古今中西的视阈中打开自我，追寻生命的整全与精神的教化，以期廓清中国教育的理论源流，夯实中国教育理论研究的根基，生成立足于自身文明传统和具有世界眼光的中国教育精神和中国教育学话语体系，推进当代中国教育实践的内在转向，促进教育实践的文化价值自觉。重温古典教育传统，就是要努力为当代中国教育寻根，以初始性经验敞开个体成人之道，在提示个体成人的路径之时，给予个体以基于本根的价值自觉，由此而甄定自我发展的内在方向。也许回返古典不足以给予我们改变世界的直接力量，但或许可以增加我们更好地活在这个世界之中的心灵力量，让我们即使在身处无根化的现代性处境之际，也能在与先哲的对话中感知历史与传统里的那一脉直抵灵魂的生命沁香。

湖南师范大学古典教育研究中心推出古典教育论丛，将系统呈现当前古典教育研究的成果，为后人提供可借鉴的古典教育研究范式，焕发古典教育研究的价值与活力，意在追随往圣先贤，倾听遥远的教诲，并努力扎根于当下，行走在现代。我们的旨趣就是：追求古典精神，探寻教育真谛；闻古典之道，行中国之教。期待丛书的出版能够唤起学界对古典教育的进一步关注，让更多的人了解、接纳、喜欢古典教育，共同推动我们的教育在回望古典中开启当下，自信地迎接不可知的未来。

是为序。

刘铁芳

目　录

绪　论

一、研究缘起

发轫于夸美纽斯，奠基于赫尔巴特，经洛克、卢梭至约翰·杜威集大成，这样一条近代西方教育学作为一门独立学科的演进脉络构成了当下中国教育学的学科语境。但是，教育学作为一门独立学科而演进的历史，同时伴随着人们对教育问题之源头的遗忘。在中西古典文明中，先哲基于对人类普遍生存状况引发焦虑，他们曾不断深思并追寻个体何以成人这一恒久的问题。从源头处回溯这一本根性教育问题，个体成人指向内外两个维度：向内指向个体以德性为核心的自我完善，向外则指向如何促成他人的自我完善，乃至人类社会整体的完善。

着眼于自夸美纽斯以来近 400 年西方教育学史发展轨迹，让人不断质疑教育学的成"学"理据。在此背景下，我们有必要重温经典，包括中西"两个世界"的经典，以便重新审理教育学成"学"之前的基本状况，于起源处追寻基于人类普遍生存状况所引发的教育基本问题，从而弥合"两个世界"于人类之整全。

"教育研究的古典传统秉持开放的态度，以对人类命运的整全理解关照个体自觉成人的恒久命题；以生活为基础激发教育研究的鲜活性；以对话性显现教育研究的生成性与开放性。现代教育研究对学科化和科学化的过度追求弱化了教育研究古典传统的成人宗旨，也使教育研究日渐走向封闭。重启教育研究的古典传统的首要价值是将教育研究的目标重新聚焦于唤起生命个体成长的自觉意识；激发研究者自身的生命意识和自觉意识，拓展教育学的文化气象。基本路径就是不断阐释经典，以古代经典作为思想资源，在拓展教育研究的理论视域的同时，提升我们思考教育问题的自我人性与生命高度，由此而提升理论的成人意蕴和生命品性。"① 通过经典，重拾教育之于个体发展的整全视野；通过中国的经典，唤起中国人的人文研究自觉，从而超越当下教育由功利化取向而导致的封闭性。

1. 教育与生活意义的迷茫

从发生在身边的教育现象着眼，我们不难发现学校中很多孩子并不关心学习与生活的意义，他们觉得自己只是被无端地抛入这样一种体制化按部就班的教育旋涡中，学习的内容早已被注定。对于为什么要学，怎么学，学习与个体生命的内蕴有什么关联等这些有关学习与生命的本根性问题的思考很少，因此他们对于自己的成长也感到很迷茫。尤其当孩子们从一个阶段按部就班地被提升到另一阶段的教育时，面对陌生的教育环境，这种无所适从的迷茫感更加强烈。就在笔者写作此文之时，媒体又传来令人痛心的消息：被长沙某名校提前录取就读的 15 岁学生李某某从自家小区跳楼身亡。每一个极端事件都折射出个体生命处于当下教育生活中的困境。固然极端事件是个例，但是在这偶然的个例背后难道没有隐含着某种带有普遍性的症候吗？当我们为这个年轻鲜活生命的消逝感到扼腕痛惜之后，当诸如此类的极端事件在我们的校园仍然出现时，这不得不让我们深刻反思当前的学校教育究竟有没有给孩子们提供足以应对未来生活的力量与勇气。我们真诚期待孩子们通过学校教育，经由一种循序渐进的内在理路，在个体成长过程中不断被新的获得感与意义感充实，从而活出更加朝气蓬勃的具有鲜活生长感的生命姿态来。但是很遗憾，从媒体以及我们现实生活的周遭世界时常出现的上述极端案例着眼，我们不难发现当下真实的教育状况与我们的美好期待还有较大距离。

2. 细碎的学科迷障

我们也经常看到，孩子们在学校教育当中，面对不同学科所显现的学习兴趣差异性很大。有的孩子对某一科目有浓厚的兴趣，从而激发出较强的学习动力，但与此同时却偏废了其他科目的学习。究其原因，一方面由

---

① 刘铁芳，刘向辉. 重启教育研究的古典传统 [J]. 国家行政学院学报，2016 (5)：3 - 8.

于科目教师囿于自身专业背景的局限性，有意无意间将孩子的兴趣单一化地引向本学科内生长，而忽视了学科间的关联性。另一方面学科本身的森严界限也是学科间难以沟通的重要原因。学科之间既已彼此疏远，众学科对个体发展的意义自然也就支离破碎。纵向之维，不同阶段的教育彼此分离；横向之维，不同学科之间难以沟通。这构成了个体生命发展之整全性遮蔽于当下学校教育的一个难以回避的现状。

3. 功利化的学习倾向

此外我们还关注到，在当前教育体制下，很多孩子存在过于功利化的学习倾向。尤其是中学跨入大学阶段，他们首先面临的是专业选择的问题，此时大多数学生对某一学科专业尚未获取基本的认识，对专业选择之于个体身心发展的意义也缺乏足够的思考，在这种情况下选择的视野往往就简单地投向了就业前景。过早的职业化、技能化的学习倾向，让个体身心发展封闭于世俗功利层面，难以向理想敞开。因此，学生很少追问教育的目的，很少思考人生的意义等能够指引人一生发展的具有终极意义的命题。

4. "文明的韧性"从何而来

2019 年北京的语文高考作文题是一个二选一的题目。其中一题如下："坚韧"是指物体柔软坚实，不易折断的性质。中华文明历经风雨，延绵至今，体现出"韧"的精神。回顾漫长的中国历史，每逢关键时刻，这种文明的韧性体现得尤其明显。中华民族的伟大复兴，更需要激发出这种文明的韧性。请以"文明的韧性"为题，写一篇议论文。

中华文明独此一家，延绵数千年而不绝，展现了自强不息，厚德载物的坚忍不拔的生命力，孔子作为中华文明创造性的转化者，深刻塑造了中华民族的文化心理结构，其背后的理据何在？本书也试图以经典解读的方式，来回答这一高考语文作文题。

综上所述，我们究竟该如何促成教育真实地呵护个体发展之整全性，不断提升人类的生活理想与生命质量水平，让个体发展从封闭的现实世界通达更高的世界。在当下这个瞬息万变的时代中，我们如何承续几千年来由我们人类共同体所开创、交融、丰富与发展着的作为命运共同体的人类整体文化，这是当今乃至今后很长一段时期值得我们为之付出不懈努力去解决的难题。孕育于人类文明发展中的经典文本，为我们对这一难题的思考提供了路标。

二、研究意义

1. 重申教育乃立人以德

中西古典文明对教育的一个基本观念是教育应当发扬人的德性，唤醒人从自然本性中朝向"至善"而提升。就中国古典文明而言，我们可以从"教育"两字的字源意义找到线索，《说文解字》对其的解释为"教，上所施，下所效也"，"育，养子使作善也"。此处的"上"有"上位者"之意，但就其实质言，乃指上位者的德性，教育也就是成德之教，让人成为大人、君子。由此看出，教育的原初之意是要让德性——作为人之为人的依据在前代与后代，觉悟者与蒙昧者之间不断传递，以保证人类文明的延续性。就西方古典文明而言，"Paideia"（教化）作为古希腊文化理想，旨在培育高贵、卓越而完善的人，柏拉图在《美诺篇》中记录了苏格拉底与美诺探讨教育与美德的关系，提出"知识即美德"的命题。在苏格拉底看来，教育要引导个体从自身灵魂里将神已然恩赐的知识不断回忆起来，以获取对世界的整全认识，从而重获个体完整德性。

"德者，得也"（《礼记·乐记》）。朱熹《四书章句集注》注释"志于道，据于德"章："德者，得也，得其道于心而不失之谓也。得之于心而守之不失，则终始惟一，而有日新之功矣。"所谓"得"也就是个体对世界的一种整全领悟（得道），让人的内心获致圆满充实，从而走向理想幸福的人生。在西方传统中，从希腊古典时代到近代德国古典哲学，哲人们都将德性与人生的幸福作为一个重大问题予以持续关注。中西古典文明对教育的看法，乃是要通过教育让人性达至崇高，最终为个体生命寻求安顿之所。总之，立人以德是中西古典教育共同关注的核心。

2. 求通古今之变以夯实当下教育实践之基

一个民族的文化生命往往深刻地蕴含在其经典之中。时光流转，对现代人而言古典文明已然远逝，这种"远"与其说是时空上的远，毋宁说是心灵上的隔阂。处于当下，我们被技术理性裹挟，观看世界的眼光随之发生了根本性的改变。我们怀疑那些作为人类文明源头与开端的历史人物与历史事件是否真实存在。在这种意识潜移默化地推动下，一种疑古思潮在

20 世纪的中国达到了高峰，由此而导致现代中国人的古代意识几乎全面非经典化。有学者指出，20 世纪的中国是一个没有经典的国度。①

与这种"疑古思潮"交相呼应的还有一种"历史进步论"的观念。这种观念的激进派认为，即便是古圣先贤所开创的决定后世文化发展方向的源头，就其本质而言也是简单而贫乏的。他们认为那些源头处的思想不过是人类文明初始阶段尚未成熟的观念。

对此，钱穆先生在其代表作《国史大纲》中开宗明义指出，"凡读本书请先具下列诸信念：所谓对其本国以往历史略有所知者，尤必附随一种对其本国以往历史之温情与敬意；所谓对其本国以往历史有一种温情与敬意者，至少不会对其本国以往历史抱一种偏激的虚无主义，亦不会感到现在我们是站在以往历史最高之顶点（此乃一种浅薄狂妄的进化观）而将我们当身种种罪恶与弱点，一切诿卸于古人"②。当下，有学者提出的批评也同样可以使我们有所启发："那种认为越是早期的思想越容易理解的观点其实总是在一种进步论的教条之下的幻觉……这种典型的现代性的骄傲自大是对作为开端的远古思想本源的一种野蛮无教养的态度。"③

对偏激的"疑古思潮"与浅薄的"历史进步论"的批驳提示我们，在走向未来的道路上我们绝不能渐渐淡忘自己从何处来。因为，这种淡忘无疑为我们将往何处去带来更多的不确定性，也就是说倘若截断了历史与未来之桥梁，当下则变得意义模糊。

3. 唤起对时代精神实质更深入的认识

现代社会是一个提倡价值多元、平等自由的开放社会，但是在看似更加开放包容的外衣里，时代的精神实质却变得越来越封闭。这种封闭性首先指向个体精神的萎缩。现代社会的一个显著特征是商业化的生活方式，这种生活方式较传统社会而言发生了非常大的变化。在传统社会中，当人们基本生活条件得以满足后便转向对自身道德完满性的关注，并不断追求人性的高贵与卓越。商业化的生活方式则鼓励人们对生活必需之外的财富

---

① 张祥龙.《尚书·尧典》解说：以时、孝为源的正治［M］. 北京：生活·读书·新知三联书店，2015：6.

② 钱穆. 国史大纲［M］. 北京：商务印书馆，1996：1.

③ 柯小刚. 思想的起兴［M］. 上海：同济大学出版社，2007：162.

进行无止境的追求，这种鼓励极大地刺激了人的外在感官层面的欲望，从而忽视内在灵魂的攀越与提升。这种商业化的生活方式滋养起来的是功利主义指引下的工具理性。而当下以职业技能培训为基本取向的社会适应型教育不仅对阻止上述商业化的生活方式束手无策，更起到推波助澜的作用。

2012 年 4 月 22 日，北京大学的钱理群教授在武汉大学老校长刘道玉召集的"理想大学"专题研讨会上语惊四座："我们的一些大学，包括北京大学，正在培养一些'精致的利己主义者'，他们高智商，世俗，老道，善于表演，懂得配合，更善于利用体制达到自己的目的。这种人一旦掌握权力，比一般的贪官污吏危害更大。"① 一时，"精致的利己主义者"成为教育领域热议的一个关键词。"所谓精致，即是素养很高，或者基本素质很高，时尚而新潮；所谓利己主义者，则意味着他们的思考与生活所及的范围更多的是个人利益。精致而时尚，换言之，他们的高素质所指向的不过是个人的一己发展，而非把个体成长始终置于时代与社会的内在需要。"② "精致的利己主义者"可谓现代社会中个体精神萎缩的一种典型，倘若要给这类典型画一幅图，不妨将其描绘为"以自我为圆心，以利益为半径的一个封闭的圆"。

其次，时代精神的封闭还体现在人与人之间交往的贫乏与空洞。个体精神禁锢于以自我为中心的封闭之圆，意味着人与人之间交往的阻隔。这种自我中心论不仅仅肇始于利益的考量，更建构于深一层的理论依据。当代社会提倡价值多元化，这种价值观走向极端则显现为一种价值相对主义。"大学教授绝对有把握的一件事是：几乎每一个进入大学的学生都相信，或自称他们相信，真理是相对的。"③ 信奉真理是相对的无疑将拒斥对"永恒至善"和"共同善"的追求。在此情境下个体很难向他者和周遭世界保持身心的开放与对话。伍德拉夫曾这样描绘过一位受相对主义影响的、名叫里克的学生在课堂上的表现："在我要求他发言的时候，他反问道'你有你的道理，我也有我的。无论我说什么或你说什么都无足轻重。你的真理对

① 谢湘，堵力. 北大清华再争状元就没有希望［N］. 中国青年报，2012 – 05 – 03（3）.

② 刘铁芳，刘艳侠. 精致的利己主义症候及其超越：当代教育向着公共生活的复归［J］. 高等教育研究，2012，33（12）：2.

③ 艾伦·布鲁姆. 美国精神的封闭［M］. 战旭英，译. 南京：译林出版社，2011：1.

你来说仍旧是真理，而我也会坚持我的真理……'他的推理无懈可击。如果不同的人有不同的真理，那么人人都同样高明。没有人有任何理由倾听别人的观点，同样也没有人有任何理由对别人讲话。在里克的假设前提下，我和他之间所有的交流都是空洞的，因为我们两个人永远不会相信同样的事物。"①

4. 重返中国的教育语境

我们还可以真切地感受到，虽然中国的教育进步取得了举世瞩目的成就。但是近代以来，中国的教育理论与实践，其话语体系仍然大体移用西方教育学学科。对此，叶澜教授曾在20世纪90年代总结20世纪教育学学科的百年发展状况时提出"教育学从娘胎里带着'引进'的胎记，难道21世纪还要继续引进吗？当代中国教育和教育学应该建设自己的话语"。我们认识到这套话语并非深深植根于中华民族文化传统的土壤，因此难以承载和彰显中国人独特的精神文化风貌。在这套西方化的学科语境下，我们对自己遭遇的问题的民族性与特殊性难作充分的考量。我们做教育研究仍然缺乏"以中国人的身份来研究中国的教育问题"的身份意识。当然，这是中国近代以来包括教育学在内的几乎所有人文社会学科领域面临的共性问题。借用海德格尔的那句名言"语言是存在的家"，我们要重返中国的教育语境也就是要重返我们中国人自己的教育家园。综上所述，当代中国教育的发展，需要我们重新梳理中西文化关系，重新认识自己的文化传统，在中西文化的比较视野中进一步认清自身问题的独特性，在"返家"的路途中真正找到解决问题的良方。

2017年初，中共中央办公厅、国务院办公厅印发《关于实施中华优秀传统文化传承发展工程的意见》。意见指出："文化是民族的血脉，是人民的精神家园。文化自信是更基本、更深层、更持久的力量。中华文化独一无二的理念、智慧、气度、神韵，增添了中国人民和中华民族内心深处的自信和自豪。"在当前国家大力倡导传承与发扬中华优秀传统文化的背景下，对孔子的教育智慧展开深度的解读，有利于我们激活经典，发挥经典

① 李长伟. 相对主义时代的教育封闭 [J]. 湖南师范大学教育科学学报，2015，14（5）：30.

教育在传承中华优秀传统文化中的基础性作用，增强民族文化自信，在实现中华民族伟大复兴的历史征程中贡献一份力量。

三、国内外研究现状

(一) 个体成人的研究

1. 国内

《礼记·学记》有言："玉不琢，不成器；人不学，不知道。是故古之王者，建国君民，教学为先。"古典教育关注个体成人，起始便着眼于以道成人的过程。孔子一方面通过"六艺"施教，以《诗》《书》陶冶自然性情，以《礼》《乐》奠定社会人格，以《易》《春秋》拓展生命境界，由此而以相对完整的教育内容体系促成君子人格理想的完整实现；另一方面以学而不厌、诲人不倦的师者人格示范，以"循循然善诱人"、因材施教的教学策略，以不愤不启、不悱不发的教学技艺，以言行合一、教学相长为教学目标，达成其完整君子人格的教育理想。孔子所奠定的古典教育实践体系，始终都以个体道德人格的完善为取向。近代以来，蔡元培立足现实，在结合中西方教育思想的基础之上，关注学生立场与儿童本位，以"五育并举"为基本路径，强调学生抱定宗旨、砥砺德行、敬爱师友，以养成共和国国民健全之人格为目的，建立起中西并蓄的现代教学实践体系。

近年来，诸多学者，特别是教育基本理论研究者，围绕人的全面发展教育进行了深入的研究和讨论。如陈桂生在《人的全面发展理论与现时代》中系统阐述了马克思主义关于人的全面发展理论的根源，对其产生、发展及其在当代教育实践中的运用进行了阐述。① 李江源、敬仕勇在《走向自由：教育制度与人的全面发展》一书中阐释了人的全面而自由的发展的科学含义、历史进程、内容、条件等，构建了教育制度与人的全面而自由的发展的关系体系。② 谢安邦和张东海编著的《全人教育的理论和实践》一书对中外全人教育的产生和发展、思想基础和理论渊源、基本主张作了较全

① 陈桂生．人的全面发展理论与现时代 [M]．上海：华东师范大学出版社，2012：6．
② 李江源，敬仕勇．走向自由：教育制度与人的全面发展 [M]．成都：四川教育出版社，2011：16．

面的介绍，特别介绍了东西方全人学校发展的情况。①

　　20 世纪 90 年代以来，最有代表性的研究者是叶澜，她在《让课堂焕发出生命活力》一文中明确提出课堂教学应被看作师生人生中一段重要的生命经历，是他们生命有意义的构成部分。她从 20 世纪 90 年代以来不断深入研究新基础教育，不仅整体深化了对教育教学目标与儿童发展特点的探讨，同时也深入课堂、深入学科，全面探讨教学育人、学科育人的路径与方法，"教天地人事，育生命自觉"，体现出教学与教育的重新整合。

　　桑标主编的《儿童发展》在广泛汲取国内外有关儿童身心发展研究的基础上，系统阐述了儿童个体发展中的重要问题，是新近有关个体发展的有代表性的著作。该书从儿童发展的"整体性"着眼，从生理学、哲学、社会学、人类学、教育学、经济学等不同视角，揭示儿童大脑与神经系统的成熟，身体生长发育，动作与感知觉，认知、情绪、语言、道德、社会性发展等各方面的特征及其个体差异。桑标认为，儿童的发展除受遗传和个体自身因素影响以外，家庭、同伴、学校、社会文化环境等构成了其发展的生态环境系统，直接或间接对儿童的发展产生影响。②

　　有关个体成人的新近研究中，刘铁芳的研究路径与形而上学一般地追问人的本质及其与社会的关系的方式不同，也与发展心理学视域下探究个体发展的客观性旨趣迥异。他提出回到日常生活中的教育本身，回到儿童鲜活生活场域的本身来探讨个体成人的问题，由此提出的"整全性教育"具有代表性。他认为当代教育的诸种问题归结起来，中心乃是个体成人理想的迷失，即对教育究竟培养什么样的人的问题的思考匮乏。他的整全性教育研究力求在对教育进行理性审视与诗性观照的基础上，探寻生命的整全之道与整全性教育的内在路径。他主张个体发展的整体性，或者个体生命成长的内在整合之道，首先体现为个体成长的过程性与阶段性，即不同阶段拥有不同目标，彼此之间既有差异，又有呼应，同一阶段不同要素有机组合、相互促进，由此形成个体渐进发展、自我提升、逐步朝向整全的发展态势。探究一种整全性的教育理想或理念的根本意义就是激励教育人

---

① 谢安邦，张东海. 全人教育的理论与实践［M］. 上海：华东师范大学出版社，2011：14.
② 桑标. 儿童发展［M］. 上海：华东师范大学出版社，2014：2.

内心之中对现实中尚不存在的教育之完善性的渴望，即激活热爱教育的心灵。①

2. 国外

国外有关个体成人的研究可以追溯到古希腊。柏拉图在《理想国》中一方面提出了以灵魂在追求至善中的自我完善为取向的教学目标，另一方面提出了从体育、美育，到修辞、文法、算术、几何、天文、音乐，再到辩证法的教育内容体系，同时提出了教育作为灵魂转向的艺术，进而提出启发作为教学的根本路径，由此通达个体生命的整全。亚里士多德以培养富于德性的城邦公民为目标，以智、德、体全面发展为基本内容，以遵循自然发展秩序为基本原则，以关注闲暇与运用理性为基本过程，来成就完整个体。文艺复兴时期的人文主义学者，反对将人置于神的统治之下，肯定人的价值、地位、能力，尤其是人的精神能力，主张人可以凭借理性和自由意志决定自己的命运，肯定人的现实生活，追求人的现实生活与死后世界完满的统一。夸美纽斯在《大教学论》中提出"教育就是把一切知识教给一切人的全部艺术"。"大教学论"之为大的教学论，其核心就是引导一切个体在普遍知识教授的过程中完整成人的学问，一方面以知识的完整性来成就个体完整成人的目标，另一方面以内引与外铄相结合，也即以启发与直观相结合的完整性教育路径来通达个体在现实中的完成。到十九世纪，赫尔巴特进一步将科学的教育学建立在伦理学和心理学的基础上，以前者说明教育的目的，以后者说明教育的途径、手段与障碍。赫尔巴特提出"教育性教学"，就是要把两者统一起来，把道德作为一切教育实践的基础和目标，教学以实现人的德行养成为旨归。杜威试图以新经验主义为指南，以教育即生活为基本理念，以培养适应民主社会的健全公民个体为目标，以培养民主的个性和科学的精神为基本内容，以"做中学"为基本路径，建构出目的与过程相统一、教育与教学相一致的进步教育体系。德国哲学家席勒在《审美教育书简》中提出，要改革国家，获得政治自由，必须首先改善时代的性格，恢复人的天性的完整性。马克思将人的全面发展

---

① 刘铁芳. 追寻生命的整全：个体成人的教育哲学阐释［M］. 北京：高等教育出版社，2017：26.

落实在"每个现实的人",而不是作为历史的一般概念。这就为将人的全面发展从理念世界拉回到现实世界奠定了基础。1928 年,舍勒在其著作《人在宇宙中的地位》一书中首次明确提出"完整的人",强调完整的人具有由生命冲动与精神本质所构成的双重结构,两个构成要素相互作用,不断实现"生命精神化"和"精神生命化"。另一方面,伴随科学心理学的发展,教学过程心理化的趋势被逐步强化,教学的程序化或多或少成为不同教学模式的内在机理,教学的教育性被进一步弱化,代表性人物有斯金纳、布鲁纳。

近年来,重建教学的整体性,凸显教学过程之于个体成人的意义的研究越来越多地涌现出来。比较有代表性的研究成果有佐藤学的《教育方法学》,侧重对教学做整体性的探讨,力求把教育的价值、伦理、技术的选择与判断等关乎教学实践的基本问题整合起来。联合国教科文组织 2015 年发布报告《反思教育:向"全球共同利益"的理念转变?》倡导人文主义的教育价值观,在当前社会变革的背景下,重提教育的宗旨是什么,应该如何组织学习等基本问题。另一类研究侧重教学情境中的教师,代表性成果有范梅南的《教学机智——教育智慧的意蕴》,运用教育现象学的方法,深入而细致地阐释了教育教学实践何以成为朝向孩子,并且成全孩子的活动,范梅南从教师的视角阐释了教学何以引导个体成人的可能性。美国学者帕克·帕尔默的《教学勇气》同样是从教师生存状态出发,来揭示教学何以促成个体完整成人的可能性。该书明确提出,好的教学不能降低到技术层面,真正好的教学来自教师的自身认同和自身完整,从而把教学问题归结为教师的自我认识问题,以成就完整自我为基础成就健全的学生。已有研究表明,个体完整成人乃是教育的根本目标,并越来越多地成为教育研究与实践的内在主旨。

(二) 经学传统中的《论语》研究

研究孔子的教育智慧,首当依《论语》为本,这不仅因为学界一致认为它最为可靠地记载了孔子及其弟子的真实生活场景,蕴含了孔子为学之道与教化之道的原始要义,更在于它作为一部经典,对中华民族的文化心理塑造产生了深远影响。

汉儒将《论语》列于小学,与《孝经》《尔雅》并列。此后,《论语》

作为一部官方指定的经学教材，通过官学使得圣人的言论妇孺皆知。正如康有为所说："盖千年来，自学子束发诵读，至于天下推施奉行，皆以《论语》为孔教大宗正统，以代'六经'。"

前人对《论语》的研究从其集结成书开始便从未中断。在浩如烟海的经学文献中综述其旨实为不易，现大致梳理如下。

一是《论语》的注释。这是论语研究最核心的部分，也是历代经师大儒疏通孔子学说的主要方式。论语旧注，传世最早的是三国时期魏国的何晏等人所共撰的《论语集解》。此书汇集了西汉以来众多大儒的"善说"，又穿插己见，迄今流传不废，是治《论语》的必读书。梁代皇侃的《论语义疏》，以义疏形式对《论语》原文做逐字逐句的疏解与串讲，并对所附注文，即何晏的《论语集解》，亦做疏解。因何晏的《论语集解》收入《十三经注疏》中，宋代以前的人读《论语》，必读何氏之书。北宋邢昺的《论语注疏》大部分内容或袭取皇侃的《论语义疏》，或在皇说基础上作成。南宋朱熹花费巨大精力撮取诸宋儒之精要而成编的《论语集注》，除了阐发己意外，还在训诂方面对原文多有发明，在文字、校勘方面也有所得。明清两代以朱熹对四书的注释取士，于是读《论语》必兼读朱熹的《四书章句集注》。清代考据训诂之学达到顶峰，《论语》注家也灿若群星，其中集大成者首推刘宝楠的《论语正义》，其中征引宏富，体大思精，荟萃折中，不分汉宋。以上为《论语》旧注中最有代表性的佼佼者。民国以来，程树德的《论语集释》摘引书目 680 种，凡 140 万言，实为《论语》注释之蔚为大观者。以钱穆先生的《论语新解》为代表的一批《论语》新注也体现了富有时代特征的研究成果，其中较有影响的注本有杨树达的《论语疏证》、杨伯峻的《论语译注》、李泽厚的《论语今读》、黄怀信主编的《论语汇校集释》等。

二是《论语》的名义，即对"论""语"两个字何以作为典籍名称的研究。对此，学界迄今没有统一的说法。最早对此问题加以探讨的是汉代的班固，他在《汉书·艺文志》中说："论语者，孔子应答弟子、时人及弟子相与言而接闻于夫子之语也。当时弟子各有所记。夫子既卒，门人相与辑而论纂，故谓之论语。"刘熙在《释名·释典艺》中说："论语，记孔子与弟子所语之言也。论，伦也，有伦理也；语，叙也，叙己所欲说也。"杨伯峻通过对前人观点的辨析，认为"论语"这一书名是当日的编撰者给它命名的，意义是语言的论纂。① 黄怀信先生在新近的研究成果《论语汇校集释》中对此问题有新的看法。他认为"论语"，就是按次序一条一条，一篇一篇编辑起来的语录，并且如他看来，"传统以'伦语'之音读'论语'实不合宜"②。

三是《论语》的编撰，即论语一书的由来与集结问题。此问题比较复杂，对此问题素有孔子弟子、孔子再传弟子、孔子弟子及再传弟子共同完成数种说法。朱维铮认为，论语的结集、流传、改编、定型，经历了一个漫长的过程。对《论语》的原始结集，西汉时的刘向、刘歆、匡衡等已众说不一。当时有《鲁论语》《齐论语》《古论语》三种抄本流传，汉元帝时张禹编了《论语章句》（即《张侯论》），逐渐取代三家。后又经过东汉经学家们二度以至三度的改编，直到郑玄时，《论语》的结集才基本定型。③

四是《论语》的结构。一般认为《论语》既成于众人之手，是若干片段的篇章集合体，不仅各篇无统一主题，各篇之间也没有逻辑联系。黄怀信从各篇章内容主旨入手，对《论语》的结构进行分析，认为《论语》各篇内容皆有一定的主旨，二十篇自为学修身至治国平天下，是一套完整体系，各篇之间互存一定的逻辑关系。但同时认为"各篇虽有一定的主旨倾向，但并不严格，二十篇中的绝大部分内容都比较杂，许多章节与主旨无关"④。

五是《论语》的分章。章，即章节。皇侃的《论语义疏》分为 480 章，陆德明的《经典释文》分为 492 章，邢昺的《论语注疏》分为 481 章，朱熹的《论语集解》分为 483 章。《说文解字》有言："乐竟为一章。从音从十，十，数之终也。"黄怀信据此认为"章"有"完整"之义。古人以一段有完整意义的文字为一章。只要对文献版本的文字做出合理的校订，恢复其本来面目，再对其文义做出客观合理的解释，其章节自然就能得到

---

① 杨伯峻．论语译注［M］．北京：中华书局，1980：26．

② 黄怀信．论语汇校集释：上册［M］．上海：上海古籍出版社，2008：5．

③ 朱维铮．《论语》结集脞说［J］．孔子研究，1986（1）：40－52．

④ 黄怀信．论语汇校集释：上册［M］．上海：上海古籍出版社，2008：23．

确定。①

　　六是《论语》的真伪问题。民国以前的学人对论语真伪问题的质疑可以清儒崔述所言为代表。据崔述在其《洙泗考信录》中考订，全书二十篇之末五篇即"季氏""阳货""微子""子张""尧曰"皆有可疑之处。其理由大致如是：首先，《论语》通篇称"孔子"为"子"，唯有记其与君大夫问答乃称"孔子"，但是"季氏篇"章首皆称"孔子"，"微子篇"也往往称"孔子"，"子张篇"有称"仲尼"。其次，《论语》所记孔门弟子与孔子对面问答，皆呼之为"子"。对面呼"夫子"，乃战国时语而春秋时无，而"阳货篇"之"武城""佛肸"两章中于孔子前皆称"夫子"。再次，"季氏篇"中言"季氏将伐颛臾，冉有、季路见于孔子"，考冉有、季路并无同时事于季氏的事迹。最后，"季氏篇"多排偶，全与他篇文体不同。黄怀信对崔氏的举证进行了逐一辨析，认为不能找出一条可证其伪的材料，完全没有怀疑的必要，有可疑者，应当从校勘、训诂方面寻求解决办法。

（三）孔子教师形象研究

　　徐娜娜《20 世纪以来孔子教师形象研究综述》② 一文，将 20 世纪以来国内外关于孔子的教师形象（实际上是孔子的形象研究，并非聚焦于教师形象）的研究按地域分为三类群体，又将每类研究群体所秉持的研究视角再分以三类：孔子形象"圣化研究""去圣化研究""人师典范形象研究"。第一类群体以美国汉学家，即 20 世纪 40 年代的顾立雅（Herrlee Glessner Creel），20 世纪 70 年代的芬格莱特（Herbert Fingarette），20 世纪 80 年代的郝大维（David L. Hall）、安乐哲（Roger T. Ames）等为代表的国外学者研究群体。该群体所采用的研究视角主要基于"还原"论，即通过历史学、解释学的方法，以揭去孔子身上的各种神圣光环，还孔子以本来面貌为基本旨趣。第二类群体为中国台湾学者，即以 20 世纪 60 年代的陈大齐，20 世纪 80 年代的林义正、杨硕夫，21 世纪的谢淑熙、张银树等为代表的研究群体。该群体主要从"人师典范"的视角阐释孔子的思想学说。第三类群

---

① 黄怀信. 论语汇校集释：上册 ［M］. 上海：上海古籍出版社，2008：30.
② 徐娜娜. 20 世纪以来孔子教师形象研究综述 ［J］. 商丘师范学院学报，2018，34 (4)：90 - 95.

体为中国大陆学者。该研究群体有着多样的研究视角，主要包括"人师典范研究"与"圣化研究"。此外，该文还梳理了顾颉刚、钱穆、周予同等著名学者，以及李冬君、李振宏、崔一心、刘青松等学者有关孔子形象源流变迁的观点。该文以"圣"为标准，将孔子形象研究的基本立场与视角做了区分，对孔子形象研究的分类做了梳理，指出了不同研究群体所持有的基本立场与观点。笔者在该文的基础上试做一点补充。

　　该文"去圣化""圣化""人师典范"三类区分实则可简化为"去圣化"与"圣化"两类。该文所归纳的"人师典范"实际上是以还原论的方式"去圣化"。笔者认为，历史上的孔子形象研究可归纳为"圣化""逆圣化""还原论"三类。司马迁的《史记·孔子世家》是历史上第一篇孔子传记。尽管司马迁本人师承董仲舒，受今文经学影响较深（今文经学较古文经学更加崇奉孔子），但其秉持严谨的历史观，《孔子世家》的基调是"史学的"，也就是依据历史文献，还原孔子真实的历史形象。自汉代以来，尽管今古文经学中对孔子的评价有所分殊，但统而言之，两家的孔子研究仍可归纳为"圣化研究"。所谓"圣化"，可从政统与道统两方面而言。就政统而言，孔子形象渗透着历代王朝官方意识形态化的塑造，即孔子的道德人格被塑造成为现存政治制度合理性辩护的工具；就学术道统而言，由于孔子是儒家的始祖，因此儒家知识分子持守着学派门户之见，即认为孔子形象是"儒学的"，而不是"史学的"。于是两千多年来，孔子的形象被不断地神圣化塑造、阐释与维护，以孔子之是非为天下之是非，孔子形象成为官方意识形态中的圣王典范，同时也一并成为历代中国读书人观念中的膜拜偶像。

　　自20世纪初新文化运动发起至20世纪70年代，在"全盘西化"思潮以及以"打倒孔家店"与"批林批孔"为旗帜的两大政治运动中，孔子形象研究几乎呈现一边倒的"逆圣化"取向。在此思潮推动下，学者们不仅把两千多年来笼罩在孔子身上的神圣化外衣揭去，反倒还给其涂抹上一层不光彩的颜色。抱持这种研究倾向的甚至包括了当时一大批顶尖的大学问家，如今回望那个年代的孔子研究，不禁让人唏嘘。令人欣慰的是，这期间以熊十力、梁漱溟、马一浮、张君劢、钱穆、唐君毅、徐复观、牟宗三等学者为代表的一批现代新儒家仍然坚信中国固有的传统文化在新的历史时代仍然具有生命力。上述诸位先生及其著述在"逆圣化"的洪流中，为维护孔子儒学与孔子形象"挽狂澜于既倒，扶大厦之将倾"，令晚辈后学感佩至深。

自 20 世纪 70 年代末 80 年代初以来，学术氛围恢复常态，学者们潜心研究，取得的成果丰硕。这期间关于孔子研究有代表性的成果包括李泽厚的《孔子再评价》。该文分析了孔子之前"礼"的原始特征，以及孔子对"周礼"的重新阐释，剖析了孔子"仁学"的结构，即以血缘基础、心理原则、人道主义、个体人格为 4 项基本构成性要素的仁学结构。该文指出孔子仁学之"实用理性"的整体特征，揭示孔子以"仁"释"礼"的新思路。韦政通先生的《传统与孔子》一文研习了孔子与夏、商、周三代以来的宗教、政治、文献诸文化遗产的关系，指出孔子通过对传统的创造性诠释而确立了被后世儒者尊奉的道统。李启谦先生的《孔门弟子研究》详细考证了见诸各类史籍且亲炙于孔子的弟子共计 97 位，包括他们的年龄、国别、仕官、家庭情况等。因为孔子自 30 岁即授徒设教，因此依据师徒的对话，从师生关系的视角来看孔子，可能是最接近孔子真实形象的方式。台湾学者许仁图的《哲人孔子传》是非常有分量的孔子研究著作。作者受业于一代大儒爱新觉罗·毓鋆门下，涵泳经典数十年，对孔子儒学体悟深切。该作征引宏富，辩驳精当，审问慎思，敢于质疑前贤之定论，发前人之未发，是一部研究孔子形象的谨严专著。

此外，钱穆先生的《孔子传》，蔡尚思先生的《孔子思想体系 孔子哲学之真面目》，徐梵澄先生的《孔学古微》等都是系统研究孔子形象的非常重要的厚重著作。当代经典解释语境下的孔子研究当首推张祥龙先生的《孔子的现象学阐释九讲——礼乐人生与哲理》，该著作在坚实丰厚的史料基础上以哲学—现象学的方法，在事与理，诗与思的追溯、叩问、辨析与合理想象中让孔子形象从历史的源头显现出来，让人读其书而想见孔子其人，让孔子形象跃然纸上，如在目前。该著作对本研究具有极大的启发作用。

悠悠两千多年来，前人有关孔子的研究浩如烟海。欲还原孔子之原貌与整全，凭一己之力，即便"焚膏继晷，皓首穷经"，也难免"管窥蠡测，井底仰天"之偏狭。"观于海者难为水，游于圣人之门者难为言"，但笔者目力所及，前贤聚焦于孔子作为师者形象的研究多零星散见，系统阐发并不多见。这些构成本研究的意义所在。

四、研究思路

具体从纵横两条路径来展开。纵向来说，即探寻孔子的个体发展问题，孔子自述其"下学上达"。本研究以此为"题眼"探寻孔子的下学上达是如何展开的。个体成人是共时性与历时性内在统一的结果。下与上之间的通途，既意味着人总是从生活周遭切近的事物发端，渐次领悟更高事物，开启更丰富宽广的人生，又意味着个体发展具有过程性与阶段性，人总是随着年岁的增长，生活阅历的充盈与丰富而逐渐加深对世界万物与宇宙人生的领悟。因此，本研究将把这种"共时性与历时性统一"的思路贯穿孔子个体发展研究之始终。但在此需作说明的是，为了呈现一个较为清晰的个体发展脉络（孔子晚年自述的 15 岁至 70 岁的人生历程具有较强的个体发展之阶段性特征），故研究框架中凸显的是个体成长的阶段性。横向来说，即探寻"天将以夫子为木铎"，夫子是如何宏施教泽，一点点启迪人心，从而深刻影响了往后中华民族二千五百多年来的生存世界。这一部分将深入探讨孔子教化的目标、原则、方法及其实践路径。

第一章
孔子的师者人生概述

> 太史公曰:《诗》有之"高山仰止,景行行止"。虽不能至,然心乡往之。余读孔氏书,想见其为人。
>
> ——《史记·孔子世家》

当年,宋朝一位无名氏伫倚某处邮亭梁间,发出"天不生仲尼,万古如长夜"的喟叹。恰如他为悠远历史中孔子焕发的荣光所感动,二千五百年来,孔子作为中国文明传统"转化性的创造者"①,深刻影响了中华民族的生存世界。倘若历史上没有孔子,我们借以安身立命的这片文化土壤,必定不是如今这副模样。

我们不妨借着一位当代西方学者的著名演说来理解人类历史上的伟大心灵带给我们当下的意义。1959 年 6 月 6 日,德国政治哲学家,西方古典学大师列奥·施特劳斯在芝加哥大学通识学院第十届毕业典礼上以"什么是自由教育"(自由教育 Liberal Education,在汉语学界一般翻译为"通识教育"或"博雅教育")为主题发表演讲时说:

"正如土壤需要土壤培育者,心智也需要老师。但老师不像农夫那样容易产生。老师自己也是学生,且必须是学生。但我们不能无限地回溯上去:

---

① 考古学早已证明在夏商周三代以前,中国已经历了一个悠久的巫史传统。孔子上承三代传统,删《诗》《书》,订《礼》《乐》,赞《周易》,作《春秋》,授徒设教,出仕周游,为后世开启了一个以儒家为主干的新的文明传统。"转化性的创造者"详见:李泽厚. 由巫到礼 释礼归仁[M]. 北京:生活·读书·新知. 三联书店,2015:4.

最终必须有些老师不是学生。这些并非学生的老师就是伟大的心智，或曰最伟大的心智……要想接近最伟大的心智，那只能凭靠伟大的书。所以，自由教育将是，以适宜的悉心，去学习最伟大的心智留下的伟大的书——在这种学习中，更有经验的学生将帮助更没有经验的学生，包括初学者。"①

我们相信，人类心灵的原始冲动中有一种寻求恒常稳固的历史情结。在这一情结的驱使下，我们寻求人类历史文明的延续性及其所彰显的永恒价值。我们今天还要来细读经典，就是要去倾听那"最伟大心智之间的交谈"，去感受古人那"高贵的质朴与宁静的伟大"，感受先贤那穿越古今而永垂不朽的伟大品格，以便让我们自己的心智与品格也获得熏陶与提升。

在开篇处需首先指出，本书认为孔子作为师者的典范，不是来源于中国历代王朝对儒家学说意识形态化的塑造，也不是建构于历代中国读书人意识观念里的偶像崇拜。本书所指的师者典范意义，是在孔子真实生活过的时代里，以他自身活生生的生命投入所真实开显出的典范意义。因此，本书的目的并不在于把那个意识形态化或观念化的"现成的典范"展示在世人面前，而是寄望于通过悉心学习他留给我们的那些"伟大的书"，去倾听那些伟大的心智间的交谈，重新返回孔子生活的世界，让其真实的师者典范意义展露出来。本书力图以"现象学还原"的方法，即"回到事情本身"的方式将真实的孔子带入当下，从而激活当下教育实践中师者之为师者的深度自觉，唤起人们凭借孔子不断思考超越当下教育的内在可能性。但是任何把古典带入当下的努力，需依凭我们对古典抱持一份温情与敬意，以及对当下的一份省思。换言之，如果我们没有对当下教育生活的深切体悟，每一位置身于当下教育生活中的个体也没有基于自身教育生活经验的自我省察，那么孔子作为师者典范的意义就仍然与我们当下中国的教育者毫无关系，其典范意义就仍然是玉隐石中。

孔子所处的时代是礼崩乐坏，斯文沦丧的滔滔乱世。在此乱世中，陪臣执国命，八佾舞于庭，臣弑君，子弑父，朝纲失坠，长幼失序，霸凌交替，杀人无数，灭国无穷。人们生活在暗淡无光的失序乱世之中，极度痛

---

① 刘小枫. 西方民主与文明危机 [M]. 北京：华夏出版社，2018：313 - 322.

苦又不见希望。孔子燃斯世以光亮。他以自身个体人格的神圣圆成为后世树立了千古如照的圣王典范①。他授徒设教，出仕周游，正乐述作，编撰六艺，托古改制，为后世中华民族的政教与文教奠定了坚如磐石的丰厚基础，中华文明由此生生不息。孔子赋予了中华民族于人类数千年历史演进中从未中断且独此一家的独特风貌，让我们作为中国人以自信的姿态屹立于世界民族之林。

　　诵其诗，读其书，不知其人可乎？是以论其世也，是尚友也。②

　　要阐释孔子作为师者典范的教育哲学意蕴，我们有必要先了解孔子为师之前缘。

第一节　孔子为师之缘起

　　本书的主题是以孔子为原型来揭示何谓师者典范。在起首处，我们之所以要探究师的缘起，一方面是因为我们置身于当下教育生活，对师之为师的原初要义已然模糊。另一方面当我们对一事物的起源进行追溯时，往往也意味着对那个最初范型的重新思考。换言之，我们探究师的缘起，实际上是为了唤起我们对师者典范与理想教育的再思考。

一、师的缘起：主体意识的上升与巫史传统的下降

　　但凡人们对一事物追溯其起源的时候，用到的方法一般有两类，即"史学的"与"语学的"。"史学的"方法就是依据考古得来的材料或依据

---

　　①　自汉代以来，历代王朝匀推崇孔子：元大德十一年（1307），元武宗玺书加封孔子"大成至圣文宣王"；嘉靖九年（1530），世宗尊孔子"至圣先师"；清康熙帝楷书匾额"万世师表"悬于孔庙大成殿梁上。
　　②　《孟子·万章下》本书以下《孟子》引文以上海古籍出版社本《十三经注疏·孟子注疏》为准，版本信息：阮元. 十三经注疏·孟子注疏［M］. 上海：上海古籍出版社，1997.

可靠文献的记载来追溯起源。另外，由于人类依靠语言进行思维活动，追溯某一事物便可追溯这个事物用到的语言（文字）符号的原初之意，也就是"语学的"方法。我们不妨依循这两条路径对"师的缘起"进行一番考察。

首先作一番简略的"史学"考察。文化人类学普遍认为巫术是原始时期人类普遍意识观念的载体。足够多的考古学材料证明，中国在夏、商、周三代以前就已然存在一个漫长的"巫史传统"。在这个漫长的历史时期，中国先民的观念意识中，"祖先崇拜"与"至上神崇拜"交织渗透在一起。从《诗经》①的《雅》、《颂》众多篇什中我们可以知道，有关殷、周部落民族的祖先往往都焕发着神异的光彩。比如《诗经·商颂·玄鸟》中传说有娀氏女简狄，吞下燕子的卵怀孕，生下了商民族的祖先契。又如《诗经·大雅·生民》中传说姜姓部落的女酋长姜嫄，因没有生儿子，于是去向神明祭祀祷告。她在荒郊野外践履了至上神的足迹，于是被感动怀孕，后来生下了周民族的祖先后稷。即便在严谨的太史公笔墨中也仍然保留了一部分上古时期人类祖先的神奇异事。比如《史记·五帝本纪》②中记载了：黄帝轩辕氏"生而神灵"；颛顼帝高阳氏"依鬼神以制义"；帝喾高辛生而神灵，历日月而迎送之，明鬼神而敬事之；帝尧放勋"其仁如天，其知如神"；虞舜重华宾于四门，流四凶族，迁于四裔，以御魑魅……可见，华夏的先民对祖先的崇拜常常与至上神联系在一起。一方面认为已逝的祖先代表着最高神的意志，奠定了百世不拔的基业；另一方面也坚信对祖先报以虔敬的心意并通过祭祀的形式庄严地表达出来，便能够远祸保身，内心安宁。一个氏族部落从上到下每一个成员的观念里坚定不移地抱有这种信念。但是与已逝的祖先沟通，乃至畅达神明却是一项庄严、神圣、严格、繁琐、细密的活动。组织这样的活动需由既具有权威而又熟悉这一整套体系的专门人物来担当，这样的人物就是"巫"。

起初，巫与部落的政治首领是同一的，即所谓"巫君合一"。这意味

----

① 本书以下《诗经》引文以上海古籍出版社本《十三经注疏·毛诗正义》为准，版本信息：阮元. 十三经注疏·毛诗正义［M］. 上海：上海古籍出版社，1997.

② 本书以下《史记》引文以岳麓书社本《史记》为准，版本信息：司马迁. 史记［M］. 长沙：岳麓书社，2012.

着：其一，就其神圣性而言，巫是人与神的中保，既代表天上之神来行使地上的职责，又代表现世的人类部落，向至上神与祖先神来禀告尘世的状况。他在人与神之间往返沟通，让人世间的事务遵循神圣的秩序，又让神圣的诚命匡正人世秩序的偏离。其二，就其现实性而言，巫作为部落的政治宗教首领，他是德性、知识、技能、艺术乃至原始时期一切人类社会活动中的最高典范，因此也是氏族部落中文明与教化的承担者。他的言行举止受人爱戴，他在其个体生命成长中受到先人历史经验最好的教导，又在最广泛的现实社会生活与交往中汲取丰富的知识与技能。巫君在祭祀活动与生产实践劳动中不断创新与丰富人类的思想、观念、文字与艺术。因此，我们有理由说巫君是人类历史演进中最初的"导师"。他们一方面引导着每一个氏族成员个体的思想、观念与精神向上通往神圣事物；另一方面又把人与人在世俗生活中组织联合起来，建立起符合人类社会生活的现实秩序，以延续氏族部落的生存繁衍，并把这带有神圣性的人类社会生活秩序一代代传承下去。

人类经过了悠久的巫史时期，人的理性精神在漫长的社会生活中一点点成长起来，马克思·韦伯称之为"世界的祛魅"，也就是说人的理性精神与自我意识的觉醒让人将笼罩在世界之上的神秘面纱一点点揭开来。这样"巫"作为神圣事务的代言人与执行者的权位逐渐下降，与之相随的是世俗的王权与政权从神圣之权中剥离出来，世俗之权在人类社会生活的世俗化进程中不断僭越与凌驾神权。在"世界的祛魅"过程中，在神圣权力的下降进程中，作为人类文明与教化承担者的"师"从"巫君"的身份中独立了出来，在更为宽泛的世俗事务中履行教导人心的职责。以上便是对"师"的起源作的一番疏阔的史学交待。

接下来对中国汉字中的"师"进行一番"语学"的考察。

据历史学家杨宽先生考证，商代以前没有"师"的称谓。他说："我国古代大学的设立，起于西周时，我国古代学校的教师称'师'，也起于西周时。"①

---

① 杨宽. 我国古代大学的特点及其起源——兼论教师称"师"和"夫子"的来历 [J]. 学术月刊，1962（8）：55.

依此说法，我们不妨先从完成于西汉的《尔雅》① 看起。该典籍收"师"字 5 处（其中一处为"师祭"），分列如下：

1. 释诂第一 1.061："黎、庶、烝、多、丑、师、旅，众也。"《尔雅》对字词的解释方式往往是把意思相同或相近的字列在一起，最后用一个意思比较通俗的词来解释这一众词。黎、庶、烝、多、丑、师、旅这七个词意思相近，就是众多的意思。"师"与庶、众联系在一起，可以合理想象在原初的观念中，"师"蕴含着在群众中发挥作用的意思。

2. 释言第二 2.134："师，人也。郭璞注：谓人众。"今译，"师"有众多人的意思。"师"由最初指数量，逐渐转变为让众多的个体在群体中唤起"人"的自我意识。

3. 释兽第十八 18（1）.006："豕生三，豵；二，师；一，特。"今译，猪一胎生三仔称为"豵"，一胎生两仔称为"师"，一胎生一仔称为"特"。该处"师"的意思与前两处迥异，疑是通假。

4. 释畜第十九 19（4）.034："犬生三，猣；二，师；一，玂。"今译，狗一胎生三仔称为"猣"，一胎生两仔称为"师"，一胎生一仔称为"玂"。同上解，疑为通假。

5. 释天第八 8（10）.038："是类是祃，师祭也。"今译，"是类是祃"指的是行军打仗时所行的祭祀之礼。

从《尔雅》来看，最晚到西汉，人们对"师"之原初意思的理解与今天我们说的老师之"师"，意义相差甚远。当然，这并不是说西汉以前"师"并没有"老师"的引申义。从《论语》② 中出现的"师"，比如"三人行，必有我师""温故而知新，可以为师矣"等可知，孔子时代的"师"早已有当下语境中"老师"的含义。

再看东汉文字学大家许慎的《说文解字》中说的："师，二千五百人为师。从𠂤，从帀。𠂤，四帀众意也。"③ 可见，许慎也大体沿用了前人的看

① 阮元. 十三经注疏·尔雅注疏［M］. 上海：上海古籍出版社，1997.

② 本书以下《论语》引文以上海古籍出版社本《十三经注疏·论语注疏》为准，版本信息：十三经注疏·论语注疏［M］. 上海：上海古籍出版社，1997.

③ 许慎. 注音版说文解字［M］. 北京：中华书局，2015：123. 本书以下《说文解字》引文，以此版本为准。

法，即"师"的原初之意是众多的意思，但把数量明确化了。清代段玉裁的《说文解字注》对"师"进一步阐释："小司徒曰五人为伍，五伍为两，五两谓卒，五卒为旅，五旅为师。师，众也。京师者，大众之称。众则必有主之者。《周礼》师氏注曰'师，教人以道者之称也'。党正、旅师、闾胥，注曰'正师胥皆长也，师之言帅也'。"①

段玉裁除了对"师"做了"语学的"进一步阐释，还从"史学的"角度补充了《周礼》② 中对"师"的有关内容。《周礼》是儒家十三经之一，学界普遍认为该经典大致编订于东周，在汉代有所变更，其初名为《周官》。《周官》从名义来理解，就是西周时代职官系统的综述。该书将西周社会的官僚体系以及经济社会中的各行各业分门别类，"文繁事富，体大思精"。其目的是"惟王建国，辨方正位，体国经野，设官分职，以为民极"。因此全书按"建国正位"所需的"治、教、礼、政、禁、□"等六大政治职能（最后一项职能文献缺失）分列六官：天官冢宰（掌邦治）、地官司徒（掌邦教）、春官宗伯（掌邦礼）、夏官司马（掌邦政）、秋官司寇（掌邦禁）与冬官（缺失）。由于冬官原文献缺失，汉儒遂以《考工记》补之，以足六篇。六官之中，每官又分辖 60 个左右的职官，共计 376 官，17 官缺，今存 359 官。如今我们俗话说"三百六十行，行行出状元"有可能与《周礼》所记载的职官数有关。

《周礼》中有关"师"的职官数共计 33 个，具体情况见表 1。

从表 1 可得如下结论：第一，各类"师"大多是分掌一些具体政令的小官，涉及农、林、牧、商、军等领域。第二，地官司徒与春官宗伯即分管"教"与"礼"的两大职能部门所列"师"最多。第三，乡师、族师、师氏、保氏等职官与道德教化有关。第四，各类"师"并非专门从事普通教育，仍然是在其所执掌的专门职能中附带着进行道德教化。师氏、保氏则是主管教育行政，但也并不直接担负"一线"师徒授受的教育职责。

---

① 段玉裁．说文解字注 [M]．上海：上海古籍出版社，1981：273．本书以下《说文解字注》引文，以此版本为准。

② 本书以下《周礼》引文以上海古籍出版社本《十三经注疏·周礼注疏》为准，版本信息：阮元．十三经注疏·周礼注疏 [M]．上海：上海古籍出版社，1997．

表 1　《周礼》中有关"师"的职官

六官	下辖职官数	今存职官数	"师"的数目	具体职官及其职责											
天官冢宰	63	63	3	甸师（耕种王田）	医师（医药政令）	追师（王后头饰）									
地官司徒	78	77	12	乡师（一乡之教育）	族师（本族戒令政事）	舞师（教祭祀舞）	载师（土地用途）	闾师（辖地人畜车辆数目）	县师（辖地人畜车辆数目）	师氏（以美诏王并全国之道德教化）	保氏（劝谏王恶并全国之职业教育）	胥师（所辖市场物价）	贾师（所辖市场物价）	遂师（辖地政令）	鄙师（辖地政令祭祀）	旅师（辖地农务政令）
春官宗伯	70	70	11	肆师（协理国之祭祀）	乐师（乐官）	大师（乐官）	小师（乐官）	磬师（乐官）	钟师（乐官）	笙师（乐官）	镈师（乐官）	韎师（乐官）	籥师（乐官）	卜师（占卜）	
夏官司马	69	64	6	弁师（王之五冕）	牧师（牧地牧业）	圉师（教人养马）	山师（山林）	川师（河流湖泊）	原师（四方之地）						
秋官司寇	66	61	1	士师（官官国野军五政禁令）											
冬官（考工记）	30	24	0												
合计	376	359	33												

综上"史学"与"语学"两条路径考察"师"的缘起，可得出如下结论：第一，从历史事实的角度而言，最初作为教育承担者的"师"是从原始的"巫师"中独立出来的，由神圣事物的教化者转变成世俗文明的教化

者。第二，从语源学的角度而论，"师"的原初之意隐含着在群体庶众中发挥作用，唤起人的自我意识，也就是唤起人之为人的自觉的意思。第三，从文献典籍看，最晚在西周初年，教化承担者由"巫"到"师"的转变已基本完成。在西周社会生活的各个领域，各类"师"的分工已经十分具体而细致。第四，周代的统治阶层对人类社会生活中教化活动的意义与功用比前代统治者有更为深入、全面、系统的认识，并为此建立了主管教化的专门的官僚系统，中国社会的教育体制翻开了新的一页。

二、大道既隐：孔子立身之处境

大约形成于战国秦汉之际，由西汉戴圣所编纂的《礼记》①（又称《小戴礼记》）彰显着汉儒的政治理想和历史观念。其中《礼记·礼运》记载了儒家学者所观察到的社会历史的大变迁。由"大同"至"小康"而到孔子生活的"据乱世"时代。东汉经师大儒郑玄评《礼记·礼运》："五帝三王相变易，阴阳旋转之道"。我们不妨从《礼记·礼运》着眼，从而对孔子生活的时代作一个背景了解：

> 昔者仲尼与于蜡宾，事毕，出游于观之上，喟然而叹。仲尼之叹，盖叹鲁也。言偃在侧，曰："君子何叹？"（《礼记·礼运》）

周代的礼制，每年的十二月（腊月，又作蜡月）应由天子、诸侯国君主持举行年终大祭，祭祀祖先，合聚万物之神。举行腊祭时，又当聚合百姓于学校中，行饮酒礼。大概是在 50 岁上下，孔子出仕鲁国，相礼鲁君时期，这年的腊月孔子受邀参加完鲁君主持举行的盛大的腊祭礼后，久久不忍离去，在城门旁的高台上登高望远，左右徘徊，喟然长叹。初唐诗人陈子昂所作《登幽州台歌》所寄寓的诗意恰切此番境界："前不见古人，后不见来者。念天地之悠悠，独怆然而涕下！"弟子子游，跟随着老师，追问老师何故长叹。孔子将思绪伸向历史的远方：

---

① 本书以下《礼记》引文以上海古籍出版社本《十三经注疏·礼记正义》为准，版本信息：阮元. 十三经注疏·礼记正义［M］. 上海：上海古籍出版社，1997.

　　"大道之行也，与三代之英，丘未之逮也，而有志焉。大道之行也，天下为公，选贤与能，讲信修睦。故人不独亲其亲，不独子其子，使老有所终，壮有所用，幼有所长，矜寡孤独废疾者皆有所养，男有分，女有归。货恶其弃于地也，不必藏于己；力恶其不出于身也，不必为己。是故谋闭而不兴，盗窃乱贼而不作，故外户而不闭。是谓大同。今大道既隐，天下为家，各亲其亲，各子其子，货力为己，大人世及以为礼，城郭沟池以为固，礼义以为纪，以正君臣，以笃父子，以睦兄弟，以和夫妇，以设制度，以立田里，以贤勇智，以功为己。故谋用是作，而兵由此起。禹、汤、文、武、成王、周公，由此其选也。此六君子者，未有不谨于礼者也。以著其义，以考其信，著有过，刑仁讲让，示民有常。如有不由此者，在势者去，众以为殃。是谓小康。"（《礼记·礼运》）

　　虽然这篇文献据说是后儒假托孔子与子游的问答之辞，但它也表明了孔子所秉持的政治历史观点，同时也表明了孔子生活时代的历史状况：大道既隐，礼崩乐坏。

　　究竟什么是"礼崩乐坏"，我们仍然有必要作进一步交待。周人相对殷人的天命观有了进一步发展。周灭殷商后，周人越来越认识到"天命靡常"的道理，也就是认识到天命不会恒常地庇佑一个政权的长治久安，万世咸宁。周人越来越认识到人的德性乃是维系一个社会正常有序运行的枢纽，所以周人越来越重视统治阶层的"德"性，注重以上率下，教化人心，明德敬德。在《尚书·周书》①里，关于明德、敬德的论述很多：

　　皇天无亲，惟德是辅。民心无常，惟惠之怀。（《尚书·周书·蔡仲之命》）

　　先王既勤用明德，怀为夹，庶邦享作。兄弟方来，亦既用明德，

---

　　① 本书以下《尚书》引文以上海古籍出版社本《十三经注疏·尚书正义》为准，版本信息：阮元. 十三经注疏·尚书正义 [M]. 上海：上海古籍出版社，1997.

后式典集，庶邦丕享。(《尚书·周书·梓材》)

克明德慎罚。(《尚书·周书·康诰》)

肆惟王其疾敬德，王其德之用，祈天永命。(《尚书·周书·召诰》)

王敬作所，不可不敬德。(《尚书·周书·召诰》)

……

起初，明德、敬德仅仅是对周王室统治阶层的一般抽象化的要求。但到了周公摄政时代，德性、德行渐渐具体化、制度化、规范化、生活化，"德"的规范与要求不断下移，以德化民。在这一历史进程中周公"制礼作乐"，将德性、德行的规范具体运用到统治阶层及其与庶众的政治生活关系的细枝末节中。周代的礼乐文明与制度渐渐成了维系社会，凝聚人心的大本大纲。孔子对西周时期的礼乐文明曾大加赞赏。

子曰："周监于二代，郁郁乎文哉！吾从周。"(《论语·八佾》)

在周代的礼乐制度中，以血缘为纽带的宗法制与分封制最为重要，也是对后世中国文化影响最为深远的两项制度。按照周代的宗法制度，宗族内又分为大宗与小宗。周天子被奉为"天下"之大宗，世世代代将政权传递给嫡长子。嫡长子以外的其他儿子则被分封为诸侯。诸侯相对于天子而言是小宗，但在其所分封的诸侯国内却是大宗。诸侯的权柄同样世世代代传递给他的嫡长子。诸侯除嫡长子以外的其他儿子再被分封为卿大夫。卿大夫对诸侯而言是小宗，但在他所分封的采邑内又是大宗。这种分封的制度再往下延及"士"。于是由"天子—诸侯—卿大夫—士—庶众"构成的"宗法—分封制"网络成了维系西周社会运行发展的礼乐—政教的基本政治结构。在这套体系中，礼乐运行的制度与仪轨有神圣而庄严的规范，丝毫不可僭越。由此而言，"礼崩乐坏"的意思，就是周公订立的这一套维系社会有序正常运转的根本政治制度与礼俗制度，遭到了釜底抽薪式的彻底的毁坏，社会陷入无序与纷乱之中。

西元①前 841 年，国人作乱，周天子厉王出奔彘，史称"国人暴动"。由此在西周历史上首开臣逐君之先河。此后，在各诸侯国，臣弑君，子弑父，长幼失序，杀人盈野，灭国无数的悖逆之事接续发生。西周末世，天子周幽王"烽火戏诸侯"的荒诞事件被太史公记载在《史记·周本纪》里。西元前 771 年，周幽王终被杀于骊山下，自此西周灭亡，历史进入孔子所生活的春秋时期。春秋时期，周道衰废，礼崩乐坏，王纲失坠，自天子以至庶人，人的道德失去基本的约束，人的行为失去起码的规范。

> 《春秋》之中，弑君三十六，亡国五十二，诸侯奔走不得保其社稷者不可胜数。察其所以，皆失其本已……臣弑君、子弑父，非一旦一夕之故也，其渐久矣。（《史记·太史公自序》）

太史公指出，造成这种历史乱局不是一时的原因，也不是局部的原因，而是长久以来，统治集团把维系人类社会秩序最"根本"的东西丢失了。这最为"根本"的东西就是指历经夏、商、周三代先王创制，历经三代文明共同积累，到西周初年经文王、周公转化性改造而达到繁盛的"郁郁乎文哉"的礼乐传统。

以上是就春秋时代社会整体的政治局面而言，那么一般老百姓的生存处境是怎样的情况呢？《礼记·檀弓下》记载着一个令人寒彻肺腑的故事。

> 孔子过泰山侧，有妇人哭于墓者而哀。夫子式而听之，使子路问之，曰："子之哭也，壹似重有忧者。"而曰："然，昔者吾舅死于虎，吾夫又死焉，今吾子又死焉。"夫子曰："何为不去也？"曰："无苛政。"夫子曰："小子识之，苛政猛于虎也！"

---

① 公元纪年以耶稣降世为元年，这种纪年制由于近代以来西方文化的先进与强势，已被世界广泛认可。但就学理言，没有当然的理由将耶稣降世作为世界多元文化之公制。以耶稣降世为公元纪年隐含一种西方中心论的意味。儒家文化主导的中国历史素来重视纪年，一贯以一个政权（君王）的起始（登基）为元年。本书认为以儒家文化为核心的中华文明与以希腊—希伯来文化为核心的西方文明一样，同是人类多元文化中的一元，共同构成人类文化的多样性，故本书称西元而不称公元。

这位妇人的公公、丈夫以及儿子，祖孙三代均死于虎口。这是何等凄凉的人间惨剧！一位妇人又何以承担如此"重忧"！然而，这位心怀重忧的妇人体验到，即便是在这般凶险的龙潭虎穴之境苟活也比在霸权苛政下生存强。由此可见当时社会无序到何等程度。我们相信这一幕一定在孔子的心灵中产生了巨大的震撼。他对弟子们叮嘱："你们要记住这一场景，苛政猛于虎。"

在中国历史上，有历史责任感与使命感的英雄，总会在乱世中横空出世，匡正社会于无序，恢复历史以正义，带给人类以希望。孔子之前的古圣先王：尧、舜、禹、汤、文、武也是在滔滔乱世中带领人民走向希望的。我们在这样一个历史背景中来理解孔子一生之立身行事，去探寻孔子授徒设教、出仕周游以至晚年删《诗》《书》，定《礼》《乐》，赞《周易》，作《春秋》的目的，方能体会到孔子内圣外王，克己复礼，托古改制，救世淑人的宏远志向，方可体会孔子堪担"至圣先师""万世师表"之名。

三、尧舜文武：孔子追慕之先王

在孔子之前，中华文明历经了上古"五帝时代"① 以及夏、商、周三代至少两千多年的文化积累。在这个漫长的历史文明积累期，产生了很多神话传说，也出现了众多德配天地，光被四表，在人世间建立了丰功伟绩的历史英雄人物，他们的事迹为人们口耳传颂。最古老的有盘古氏开天地的传说，最早见于三国时东吴太常卿徐整的《三五历记》：

> 天地混沌如鸡子，盘古生其中。万八千岁，天地开辟，阳清为天，阴浊为地。盘古在其中，一日九变，神于天，圣于地。天日高一丈，地日厚一丈，盘古日长一丈。如此万八千岁，天数极高，地数极深，盘古极长。

---

① "五帝"的说法不止一种，按照《大戴礼·五帝德》与《史记·五帝本纪》的说法指黄帝、帝喾、颛顼、尧帝、舜帝。五帝时代即上述五位作为氏族部落联盟首领的时代，一般被史学界认为是上古时期，无信史可作为凭据。新近的考古成果与历史研究越来越倾向于认为尧帝与舜帝是历史上真实存在的人物。

这是中国最早关于宇宙天地起源的创世神话传说。西汉皇族淮南王刘安及其门客编订的《淮南子》又记录了女娲补天的传说，见于《淮南子·览冥训》：

> 往古之时，四极废，九州裂，天不兼覆，地不周载，火爁焱而不灭，水浩洋而不息。猛兽食颛民，鸷鸟攫老弱。于是女娲炼五色石以补苍天，断鳌足以立四极，杀黑龙以济冀州，积芦灰以止淫水。苍天补，四极正，淫水涸，冀州平，狡虫死，颛民生。①

东汉泰山太守应劭的《风俗通义》补充了人类的起源说：

> 俗说天地开辟，未有人民，女娲抟黄土作人。剧务，力不暇供，乃引绳黄泥中，举以为人。

这些神话传说体现了中国的先民们对宇宙人类起源的最初想象与思考。德国哲学家谢林（Schelling）曾经追问究竟是什么塑造了民族性？他得出的答案是"语言与神话"。神话传说或许在客观的历史中并没有真实发生过，但是先民在观念意识中却"信以为真"。一个民族初始阶段的重大事件在历史事实中的发生与在先民观念中的发生是两回事。甚至可以说，在观念中的发生比事实中的发生更具有决定性的文明塑造力。神话传说塑造了中国人最初的观念世界与心灵世界，塑造了中国文明的开端与起源，即便进入信史阶段后，"三皇五帝"的传说也广为传颂。伏羲氏、黄帝轩辕氏、炎帝神农氏被称为"三皇"（一说天皇氏、地皇氏、人皇氏，一说燧人氏、伏羲氏、神农氏，一说伏羲氏、女娲氏、神农氏），黄帝、颛顼、帝喾、唐尧、虞舜被称为"五帝"（一说少昊、颛顼、帝喾、唐尧、虞舜，一说太昊、炎帝、黄帝、少昊、颛顼，一说黄帝、少昊、颛顼、帝喾、尧）。

面对前代的古圣先王，孔子表示尊崇，但是当他删订《尚书》，为自己所开创的儒家学派树立经典的时候，却不仅抛却了"三皇"，也撇开了"五

---

① 刘文典. 淮南鸿烈集解：上册 [M]. 上海：上海科学技术文献出版社，2015：251－252.

帝"中的前三帝,而是从尧帝与舜帝开始的,这是为什么呢?要弄清孔子尊崇的古圣先王,首先要弄清楚这个问题。

太史公对这个问题无疑作了充分的考量。他在《史记·五帝本纪》中对前三帝,即黄帝、颛顼、帝喾所用的笔墨与对尧帝、舜帝所用的笔墨迥然不同。首先是篇幅上,前三帝占三分之一篇幅,尧帝、舜帝各占三分之一篇幅,可见作为儒家学者的司马迁对五帝的权衡并不是等量齐观的,尧帝、舜帝的分量要重得多。其次,在叙述风格方面,前三帝的事迹多与神奇异事,光怪陆离,讨伐侵凌等非常态的乱世生活相关,而尧帝与舜帝时代则是"九州既睦,百姓昭明,和合万国"的太平治世。最后,太史公在《史记·五帝本纪》的末尾处把这样编排处理的原因交待了清楚。

> 太史公曰:学者多称五帝,尚矣。然《尚书》独载尧以来,而百家言黄帝,其文不雅驯,荐绅先生难言之。孔子所传《宰予问五帝德》及《帝系姓》,儒者或不传。余尝西至空峒,北过涿鹿,东渐于海,南浮江淮矣,至长老皆各往往称黄帝、尧、舜之处,风教固殊焉。总之,不离古文者近是。予观《春秋》《国语》,其发明《五帝德》《帝系姓》章矣,顾弟弗深考,其所表见皆不虚。书缺有间矣,其轶乃时时见于他说。非好学深思,心知其意,固难为浅见寡闻道也。余并论次,择其言尤雅者,故著为本纪书首。

太史公所称的"不雅驯"就是指上古神话传说时代记载尧帝以前的先王们一些近乎怪诞,神奇,崇尚勇武的语言风格。用那种"不雅驯"语言所记载的事,离现实中的人类生活以及孔子理想中美好的人类生活相去甚远。所以太史公认为,孔子在删订《诗》《书》的时候把不符合人类美善生活标准的,含有"怪、力、乱、神"部分的内容从经典中去除。太史公秉持史家之审慎严谨的态度,把这"所表见皆不虚"又失之"不雅驯"的部分保留了下来,但是在取向上又继承了孔子以来儒家的价值标准即"子所雅言,《诗》《书》执礼,皆雅言也"(《论语·述而》),从而"择其言尤雅者"详细记录,深入阐发,以立为《本纪》乃至整部《史记》之起首开篇。尧、舜是孔子所开创的儒家学派的精神始祖,也是孔子心目中圣王的典范。

尧舜以降，周代的开创者，文王、武王，以及周代政教文化的奠基者周公，也是孔子理想中的圣王典范，我们可以从《论语》中获悉孔子对上述六位古圣先王的盛赞：

子曰："大哉尧之为君也！巍巍乎！唯天为大，唯尧则之。荡荡乎！民无能名焉。巍巍乎其有成功也！焕乎其有文章！"（《论语·泰伯》）

子曰："巍巍乎，舜、禹之有天下也，而不与焉！"（《论语·泰伯》）

子畏于匡，曰："文王既没，文不在兹乎？天之将丧斯文也，后死者不得与于斯文也；天之未丧斯文也，匡人其如予何？"（《论语·子罕》）

舜有臣五人而天下治。武王曰："予有乱臣十人。"孔子曰："才难，不其然乎？唐、虞之际，于斯为盛。有妇人焉，九人而已。三分天下有其二，以服事殷。周之德，其可谓至德也已矣。"（《论语·泰伯》）

子曰："禹，吾无间然矣。菲饮食而致孝乎鬼神，恶衣服而致美乎黻冕，卑宫室而尽力乎沟洫。禹，吾无间然矣。"（《论语·泰伯》）

子曰："如有周公之才之美，使骄且吝，其余不足观也已。"（《论语·泰伯》）

子曰："甚矣吾衰也！久矣吾不复梦见周公。"（《论语·述而》）

可见，尧帝、舜帝、禹帝、文王、武王、周公是孔子思慕的古圣先王，为孔子一生的立身行事带来了深刻影响。他们所建立的丰功伟绩不仅成为孔子一生弘扬天道，复兴周礼的鼓舞力量，也成为孔子增删笔削，编订经典的价值标准。他们所传承的中华文明的典籍经孔子转化性的优化后成为儒家的经典，也堪称整个人类文明史上的不朽经典。

第二节　孔子为师之经历

从教育的角度看，理想完满的人格应当显现为个体内在德性与外在事功的统一。以儒家学说论，即内圣与外王的统一。孔子被奉为"大成至圣先师"，又被奉为"文宣王"。圣与王一指内，一指外。圣的正体为"聖"，即耳听口说王者之言。《说文解字》中解释："王，天下所归往也。董仲舒曰'古之造文者，三画而连其中谓之王。三者，天、地、人也，而参通之者，王也'。孔子曰'一贯三为王'。"可见"圣"与"王"，字源初始便有内在的亲缘。内圣外王"既是王者个体生命的存在证悟（内圣），又是外在仁德的化育养成（外王）"[1]。从孔子一生的经历来看，儿童、青年时代（30岁以前）发愤学习，从生活周遭世界与历代礼乐文教典籍中获取广博的知识与多样的技能；中年时代（30岁至50岁）突破"学在王官"的传统，首开私家授徒设教之风，传授历代文明积累下来的礼乐文教知识；老年时代（51岁至68岁）出仕周游，将自己的人生理想付诸实践，在极为艰难的社会政治实践中与弟子们共同朝向人类理想中的美好生活而不懈努力；晚年（69岁至73岁）再次回到鲁国，潜心将自己一生的经历、见闻、认识、体悟进行深入反思，进而将承载历代文明的文献典籍进行整理，增删，提炼，转述，创作，为未来中华文明的发展走向奠定了坚如磐石的政教与文教传统。

一、授徒设教：私教之起兴

孔子在青年时代，也就是30岁之前曾短暂地做过一些卑微的小官，如在季氏家族里当委吏（管理仓库）与乘田吏（管理牲畜）。《史记·孔子世家》记载孔子在做这些小官吏的时候，政绩也非常不错，但他到30岁左右即致仕，专职当老师。

---

① 蒋庆.公羊学引论：儒家的政治智慧与历史信仰 [M].修订本.福州：福建教育出版社，2014：101.

按照传统，孔子之前"学在王官"，只有王室贵族子弟才能在"王官"中接受《诗》《书》《礼》《乐》等文明典籍的教化，在射、御、书、数等诸多技艺方面受到训练，一般老百姓没有受教育的权利。孔子是兴办私学，将礼乐文教及"六艺"推广至民间的先驱，被尊称为"大成至圣先师"。

子曰："自行束脩以上，吾未尝无诲焉。"（《论语·述而》）

历代经学家一般讲"束脩"为十条干肉，干肉叫"脩"，十条为一束。这句话是指孔子仅收一点微薄的见面礼作为学生的学费。但也有人持不同的意见，认为古人吃肉非常不容易，能拿出十条干肉作为见面礼，受教的门槛已经很高了，寒门子弟会被拒之门外，因此认为"束脩"是指"束带修饰"，自行束己修身以拜师门①。一个人只有通过严格的身心修炼后方可被孔子收为门徒。从孔子一生弟子众多，且出身门第各异的情况来看，孔子收徒的物质条件门槛应当是非常低的。

子曰："有教无类。"（《论语·卫灵公》）

当代中国早已实现了人人均有受教育的权利，今天我们来看这句话似乎平淡无奇，但是在孔子生活的时代，他说出这句话无疑是一句惊天动地的教育革命宣言。在孔子看来，既然"大道既隐，王纲失坠"，统治集团内部已腐朽不堪，怎么能继续让教化人心的神圣权利再由王官所垄断呢？

仲尼有言："礼失而求诸野。"方今去圣久远，道术缺废，无所更索，彼九家者，不犹愈于野乎！（《汉书·艺文志·诸子略》）

礼崩乐坏自统治阶层始，官方的教育已经不能拯救世道人心，匡扶社

---

① 许仁图. 哲人孔子传 ［M］上海：上海三联书店，2016：57.

会正义。因此要"拨乱世，反诸正"，必须得在民间广泛培养堪担重任的君子。所以孔子所设私教与王官之教有诸多质的不同。

第一，从培养目的而言。王官之教，重在培养贵族子弟从政入仕的能力。而孔子私教超越了单纯入仕的功利化目的，在"学"与"仕"之间，兼顾内在德性与外在能力的平衡统一，不仅重于知识与技能的训练，还重于培养个体完善的道德人格，以及对恢复人类美好生活秩序的使命担当。

> 子谓子夏曰："女为君子儒，无为小人儒！"（《论语·雍也》）
> 子夏曰："仕而优则学，学而优则仕。"（《论语·子张》）

孔子诫子夏为"君子儒"，亦即告诫弟子要立志在个体人格修炼与历史担当方面对仅仅懂知识，会技能的"小人儒"进行超越。换言之，应当把"克己复礼""天下归仁"的理想作为君子的使命担当。弟子子夏对为学与入仕之关系的看法，也昭示着弟子对老师教育思想的传承。

第二，从培养方式而言。孔子的私教不囿于场地与时间，将人的培养融入鲜活的日常现实生活之中。孔子与弟子们共同生活，一同游学，将古圣先贤的嘉言懿行，以及典籍文献中的高深道理，在切近的生活世界中一一展开，让弟子们所学所思不离开自己的生活世界。因此从这个意义而言，孔子的教育之道也就是教导人有教养地生活与交往。

第三，从教育过程与方法而言。孔子最具代表性且影响深远的独特教育风格"启发"，旨在引导弟子从自身的生活体验出发，由现实性向可能性不断提升，并通过"举一反三"的检验，让弟子学会知识与技能的迁移，从而不断扩充经验与理性。孔子的教育精髓便是在一种具体生动的生活情境中不失时机地展开教育对话。孔子的教育方法将在本书第五章详细论述。

第四，从师生关系而言。孔子的私教超越了王官之教中那种师生间简单的授受关系，孔子与弟子亦师亦友，教学相长，亲切互动。面对宇宙、社会、人生的诸多根本性问题，孔子与弟子一道切磋琢磨，共同朝向至善。

在这一时期，孔子早年的弟子有：颜无繇、仲由、曾点、冉伯牛、闵损、冉求、仲弓、颜回、高柴、公西赤等。① 仲由（子路）、冉伯牛（冉耕）、闵损（闵子骞）、冉求（冉有）、仲弓（冉雍）、颜回（颜渊）都位列"孔门十哲"，是孔子最得意的弟子。

> 子曰："先进于礼乐，野人也；后进于礼乐，君子也。如用之，则吾从先进。"（《论语·先进》）

孔子在晚年回忆起早年授徒的时光，认为早先跟随的弟子更为"质朴"一些，文质得宜，犹存古朴之风。而后期入门的弟子，多文一些，有文胜质之弊。因此，如果要拯救滔滔乱世，早期的弟子还要靠得住一些。

孔子首开私教之风，自身博学多能又在教化人心方面极具天赋，前来求学的弟子越来越多。三十多岁，孔子已颇负盛名。当时鲁国位高权重的大夫孟僖子（孟孙氏）在临终的时候嘱托自己的两个儿子孟懿子与南宫敬叔一定要找孔子拜师学礼。

> "礼，人之干也。无礼无以立。吾闻将有达者曰孔丘，圣人之后也。我若获没，必属说与何忌于夫子，使事之而学礼焉，以定其位。"
> 故孟懿子与南宫敬叔师事仲尼。（《左传·昭公七年》）

孔子痛心于当时鲁国君臣僭礼，因此对当政者违礼的情况多持严厉的批评，但当时的贵族阶层并不尽对孔子怀有敌意，反而多存敬意。进一步言，从孟懿子与南宫敬叔事仲尼一事（孟懿子与南宫敬叔作为身份显赫的贵族子弟，遵从父亲的遗言，主动放弃入官学而从私学）可作如下合理推断：孔子之私教已蔚然成风，成为官学的重要补充，乃至超越官学。可见，当时孔子的崇高人格，以及他授徒设教，众者云集的社会影响力非常大。这种影响力不仅仅存在于孔子生活的鲁国，也辐射至其他的诸侯国。

西元前 517 年（鲁昭公二十五年），鲁国的三家专权大夫：孟孙氏、季

---

① 钱穆. 孔子传［M］. 北京：生活·读书·新知三联书店，2012：135.

孙氏、叔孙氏联合攻打国君鲁昭公，昭公兵败，奔走齐国，鲁国乱。于是孔子于这一年也游走齐国，弟子从游。孔子乃一异国之士，却得到大国之君齐景公的礼遇厚待，齐景公还向孔子请教为政之道，可见孔子当时已盛名于诸侯国。

> 齐景公问政于孔子。孔子对曰："君君，臣臣，父父，子子。"公曰："善哉！信如君不君，臣不臣，父不父，子不子，虽有粟，吾得而食诸？"（《论语·颜渊》）

孔子在齐国短暂停留一年后，与弟子们一道重新回到鲁国。自孔子30岁左右授徒设教到孔子50岁上下出仕鲁国，其间大约20年的光景，孔子耕耘杏坛，与弟子一道讲诵弦歌于洙泗间，门下已聚集一批极具才华与德性的弟子，孔门讲学论道的盛况被传为中国教育史上的千古佳话。

> "鼓瑟希，铿尔，舍瑟而作……暮春者，春服既成，冠者五六人，童子六七人，浴乎沂，风乎舞雩，咏而归。"（《论语·先进》）

这个非常著名的章节显现了孔门师徒讲学论道的欢愉盛况，堪称中国古典教育美好情境的典范。由此，中国古代"学在王官"的传统得以突破，私学由此兴起。此后数千年，私学与官学长期共存，私学也成为官学的重要补充。

二、出仕周游：政教之开拓

孔子自道"五十而知天命"，可以理解为孔子感通天命，确证人类理想社会之根本发展方向，也证悟自身于人类社会历史发展中的天道使命，以及个体人生的根本方向，从而与其追随者一道以极大的热忱与艰苦卓绝的努力投入人类社会现实政治制度的改造实践之中，对中华文明的政教内容进行了极大的开拓。

西元前502年（鲁定公八年），孔子时年50岁。这一年是孔子人生中的一个重要节点。自此，孔子由单纯授徒设教的职业老师开启了其政治生涯的历史大幕。这一年冬天，鲁国的实际当政者季孙氏家臣阳虎作乱，欲废除鲁国"三桓"而自立为正卿。与此同时，季孙氏私邑费县的长官公山不狃亦"不得意于季氏"，打算响应阳虎，于是召孔子以壮大自己的声势。孔子打算应往：

> 公山弗扰以费畔，召，子欲往。子路不说，曰："末之也已，何必公山氏之之也？"子曰："夫召我者，而岂徒哉？如有用我者，吾其为东周乎？"（《论语·阳货》）

公山不狃与阳虎都是季氏的家臣。两家臣反叛于季氏，与季氏专权于鲁君没有任何本质的区别。这之前，季平子把鲁君用于国之大祭的宫廷舞队（实为周天子的仪仗规格）调到自家庭院时，孔子对此深恶痛绝，批评道：

> "八佾舞于庭，是可忍也，孰不可忍也！"（《论语·八佾》）

君臣僭礼，权臣反叛于君主，一直是孔子坚决反对并严厉斥责的悖逆行为。这之前阳虎召孔子，孔子不往，而这一回孔子却打算应公山不狃之召。尽管遭到弟子子路的劝阻，但孔子仍然打算出仕。可见，孔子在50岁这个"知天命"的年龄临界点，对当时政治局势的判断，对自身所承载的天道使命之迫切性以及对自身担负使命之能力的判断都有了新的体悟。

"吾其为东周乎！"——尽管召我的只是一个权力有限的费县长官，尽管他召我的意图并不具备充分的政治合法性，尽管非常亲近的弟子也劝阻，但相对于宏伟的政治理想，这些我都可以暂不予计较，只要能给我一个施展政治抱负的小舞台，就像当初文王与武王兴起于丰、镐之地一样，我将借此在东方建立起一个能够复兴周礼的全新的政治文明。这是何等的政治气魄与信心！这大概才是孔子"五十而知天命"话语背后的真正深意。由于阳虎谋乱以失败告终，公山不狃中止了响应阳虎"以费畔季氏"的计划，最终孔子并没有成行，但是从这一事件我们可以知悉，当孔子50岁的时候，一种积极用世，力挽狂澜，拨乱反正，复兴周礼的紧迫性突然降临在他身上。

西元前501年（鲁定公九年），孔子51岁。由于阳虎之乱，鲁"三桓"（季孙氏、叔孙氏、孟孙氏三家）觉悟到，既然他们能架空鲁君的权势，那他们的家臣同样能够架空自己的权势。而孔子以复兴周礼，正君臣名分为己任，于是鲁"三桓"均同意以鲁定公之名，立孔子为中都宰。至此，孔子正式踏入政坛，且一年之内政绩斐然，连升两级，由中都宰为司空，由司空为大司寇。"一年，四方皆则之。"此后，孔子出仕鲁国期间，在政治方面干了两件重要的大事。

其一是相鲁定公，与齐侯会于夹谷。当时诸侯国间的政治格局是鲁国处于晋、齐、楚三大诸侯强国的政治夹缝中，"鲁小弱，附于楚则晋怒，附于晋则楚来伐，不备于齐，齐师侵鲁"（《史记·孔子世家》）。鲁国长期以来依附于晋国，而当晋国的霸主地位有所动摇的时候，齐国便来拉拢鲁国。在这次齐鲁夹谷会盟上，孔子为鲁定公相礼。《史记·孔子世家》详细记载了这次会盟事件的经过。通过这次事件，孔子不仅为鲁定公挣得了面子，还将前一年阳虎献给齐国的郓、汶阳、龟阴三块鲁国失地给争了回来，可以说是鲁国历史上一次非常成功的外交胜利，表现了孔子非凡卓越的政治外交才干。

其二是"堕三都"事件。当时，鲁国政治被季孙氏、叔孙氏、孟孙氏三家（史称鲁"三桓"）把持，其都城分别为费、郈、成三个采邑。而这三个采邑的政权又分属三桓的家臣。这就是孔子所谓当时鲁国"陪臣执国命"政治乱象的基本格局。上述阳虎作乱事件已充分表明，三桓的家臣在采邑上发展自己的力量会架空三桓的权势。因此孔子向鲁定公建议堕"三都"，即拆除三个采邑的堡垒，褫夺家臣的军事力量。这也正好切中三桓的隐忧，于是得到了季孙氏与叔孙氏的支持。子路时为季氏宰，故孔子命子路具体实施"堕三都"计划。叔孙氏先被堕"郈"，季孙氏随后被堕"费"。但由于受到各方力量的干扰阻挠，最后堕"成"计划未能成功。堕三都虽功败垂成，但这次政治谋略是孔子与弟子一道进行的一次复兴周礼，匡正君臣关系，拨正"礼乐征伐自诸侯出"政治乱象的一次积极努力。堕三都事件失败后，孔子与弟子们被迫离开鲁国，开启了长达14年的周游列国的政治漂泊生涯。他们先后去过卫、曹、宋、陈、蔡、楚等国，其间也在卫、陈等国出仕。但由于春秋乱世的政治大环境容不下孔子的政治理想，孔子终不得大用。

> 世以混浊莫能用，是以仲尼干七十余君无所遇。（《史记·儒林列传》）

孔子的众多弟子也出仕吏门，比如子路（季氏宰、蒲大夫）、高柴（费宰、武城宰）、子贡（信阳宰）、子夏（莒父宰）、子游（武城宰）、闵子骞（费宰）、子贱（单父宰）、冉求（季氏宰）、仲弓（季氏宰）、宰我（临菑大夫）。①

孔子率领弟子在当时强国林立、鲁国极为有限的生存空间里施展政治外交才能，为鲁国赢得尊严与失地，又在极端复杂微妙的国内政治格局中始终坚持礼乐文教的政治理想，并付诸实践努力。这是孔子为师不同于传统意义上传道授业解惑之经师的超越之处。孔子为师不仅关注个体内在德性的养成，更关照人类社会整体性的政治生活秩序。孔子为师是内圣与外王的统一，其教化之道，不仅仅体现为教化个体人心的智慧，还体现为对政治理想与人类社会终极价值的执著追求。

三、正乐述作：文教之确立

如果说孔子中年时代授徒设教是对传统教育的拓展，老年时代出仕周游是对现实政治改革的努力，那么晚年时代所进行的一系列对历代文明典籍的删订、整理以及创造性的阐释，则是面向人类社会未来发展苦心孤诣的操持。因此，孔子之所以被尊奉为"万世师表"，一个重要原因是他的一生所作所为不仅追问了历史，面向了现实，还着眼于人类社会的未来。在孔子的观念中，历史、现实与未来构成一个连贯完整的文明统一体。他好古敏求，发愤忘食，力图于混乱的现实中重新激活人类历史承续而来的古典文明传统，借此甄定现实生活秩序，并为后世文明演进确立理想的发展方向。

---

① 李启谦. 孔门弟子研究［M］. 济南：齐鲁书社，1987：245 – 246.

　　西元前 484 年（鲁哀公十一年），孔子时年 68 岁。"会季康子逐公华、公宾、公林，以币迎孔子，孔子归鲁。"（《史记·孔子世家》）

　　季康子以国礼迎接孔子回到故乡。孔子晚年不再出仕，而是专心研究学问，整理文献，继续文教事业。在孔子回到鲁国后，直至西元前 479 年（鲁哀公十六年），孔子 73 岁逝世。在这几年里，孔子主要干了三件传承与塑造中华文明的大事。

　　其一是"正乐"。子曰："吾自卫反鲁，然后乐正，《雅》《颂》各得其所。"（《论语·子罕》）所谓"正乐"是指对前代的《诗》进行整理，使之成为经典。

　　正乐包括两个方面，一方面是正音，另一方面是正篇章秩序。"古者《诗》三千余篇，及至孔子，去其重，取可施于礼义……三百五篇，孔子皆弦歌之，以求合《韶》《武》《雅》《颂》之音。"（《史记·孔子世家》）孔子在音乐方面的修养与感悟极深，生平对音乐的评论也很多，年轻的时候在齐国闻到《韶》乐，感动得"三月不知肉味"。在孔子看来，音乐具有促成人类心灵朝向美善事物前进的源发之力，是"周礼"的灵魂与生命所在，也是个体成德成人的最后归宿。因此孔子才会说"兴于诗，立于礼，成于乐"（《论语·泰伯》）。孔子将不符合心灵美善秩序的乱音、淫音、靡靡之音等从原来的诗歌集中删除、修正，又将符合礼义王制与道德人心的美善篇章保留下来，厘清篇章秩序，再配以适宜的音律。

　　其二是编修《书》《礼》《易》。关于孔子是否创作了这些经典中的部分内容，学术界至今仍然争论不休，尚无定论，但孔子对其进行过编修，其经孔子及其弟子流传下来是没有疑义的。

　　其三是作《春秋》。《春秋》是孔子所"作"的唯一一部经典。因此孔子自道：

　　　　知我者，其惟《春秋》乎！罪我者，其惟《春秋》乎！（《孟子·滕文公下》）

　　　　后世知丘者以《春秋》，而罪丘者亦以《春秋》。（《史记·孔子世家》）

虽然在孔子的一生中，在道义与功名的冲突面前，他一直以君子的道德标准来坚守前者，但是在孔子返回鲁国的晚年，生存焦虑感与历史责任感交织牵扯着孔子的内心。他叹息道：

> 君子病没世而名不称焉。吾道不行矣，吾何以自见于后世哉。

（《史记·孔子世家》）

因此之故，孔子作《春秋》。但是孔子的"作"又不是一般意义上的"创作"。孔子自言"述而不作"，即按照鲁国的历史，以"述"的方式把春秋二百四十二年，鲁国自隐公至哀公十二位鲁君的历史记载下来。但孔子的《春秋》也不是纯粹地叙述历史，而是以极其简略的文辞，把对历史与人物的评价，以及对王道王义的理想隐藏在字里行间，是为"微言大义""春秋笔法"。孔子作《春秋》，通过"讥世卿""张三世""通三统"等学说对人类历史进行深刻的反思，对未来人类的历史走向给予指引。可以说，孔子将其对人类个体美善德性的思考与对人类社会美好制度的思考全都倾注在《春秋》之中。太史公评价道："推此类以绳当世。贬损之义，后有王者举而开之。《春秋》之义行，则天下乱臣贼子惧焉。"（《史记·孔子世家》）

西元前 481 年（鲁哀公十四年），鲁国举行狩猎大礼。叔孙氏门下一个叫钮商的车夫猎获一只怪兽。孔子一看是麒麟。麒麟是祥瑞之兽，它的出现往往意味着圣王降世，太平盛世将来，但怎么突然在这个乱世里出现了呢？孔子喟叹"吾道穷矣"，并于《春秋》上书："十有四年春，西狩获麟。"（《左传·哀公十四年》）孔子从此搁笔，世称"获麟绝笔"。

此前，西元前 483 年（鲁哀公十二年），孔子时年 69 岁，其独子孔鲤先孔子而死。第二年，西元前 482 年（鲁哀公十三年），孔子 70 岁，他最钟爱的弟子颜回死。孔子痛哭"天丧予！天丧予！"再过了两年，西元前 480 年（鲁哀公十五年），孔子 72 岁，子路在卫国被杀，还被剁成肉酱。一桩桩人间惨剧纷至沓来，孔子愈加悲伤。

西元前 479 年（鲁哀公十六年），孔子时年 73 岁，子贡来拜望病中的夫子。孔子大概知道自己命不久矣，含泪叹息："太山坏乎！梁柱摧乎！哲人萎乎!"(《史记·孔子世家》)随后,孔子与子贡进行了师生间最后一次谈话:"天下无道久矣,莫能宗予。夏人殡于东阶,周人于西阶,殷人两柱间。昨暮予梦坐奠两柱之间,予始殷人也!"(《史记·孔子世家》)七日后,孔子逝世。(《史记·孔子世家》)孔子逝世后,子贡叹曰:"夫子之不可及也,犹天之不可阶而升也。夫子之得邦家者,所谓立之斯立,道之斯行,绥之斯来,动之斯和。其生也荣,其死也哀。如之何其可及也?"(《论语·子张》)

梳理孔子的师者人生,他作为"万世师表"彰显的师者典范精神至少有如下几层意蕴,兹撮其要旨暂列如下,待后几章再作展开。

首先,孔子具有深邃的历史眼光,他自言"信而好古",亦即将眼光延伸至人类历史文明演进之源头,悉心辨识人类社会生活从何而来,为何发生,将何归往,进而将个体生存之根本处境置于人类历史生活经验的时间之流来思考,与历史中的古圣先王进行精神交往与对话,亦即将自我的个体发展充分浸润于人类整体文明演进之中。在此意义上,对人类历史发展之辨识、理解与解释,也就是让个体的内在精神意识厚植于人类历史生活的共同经验之中,让个体的内在精神向人类的普遍性与整体性敞开,让个体小写之人通向人类整体大写之人。

其次,孔子具有深切的关照现实的情怀,并将这种现实关照切实转化为对人民现实生活的极大关注。孔子一生以极大的热忱投入现实政治制度的改革中,始终站稳人民大众的立场,孔子认为理想的政治秩序应当实现绝大多数人,或者说全体人的福祉,尤其是实现内心的幸福与安宁。因此,孔子所从事的政教活动切近人的现实生活,始终围绕现实政治改革来进行。孔子注重书本教育,却并不执着于书本教育。他总是依凭古典,立足于现实来思考有助于改善现实而作用于未来的事情。

　　子曰:诵《诗》三百,授之以政,不达;使于四方,不能专对。虽多,亦奚以为?(《论语·子路》)

孔子认为如果读再多的诗书,不能对现实有所助益,那就是无效的。他也始终认为真理既没有现成的,也没有普遍的,每一个受教育者,都必须在自己的现实生活中通过自己的努力去寻求真理，改善现实。概而言之，孔子的思路是要通过改善每一个个体的人心，从而改善人类社会整体的生存处境。

再次，孔子始终怀揣着对人类未来美好生活的终极盼望。其晚年深知自己的现实政治改革的主张不用于当世，于是集中最后的精力，修《诗》《书》，定《礼》《乐》，赞《周易》，作《春秋》，寄望于为后世订立文教的经典。孔子毕生以一种"不合时宜"的方式进行现实改革，他"知其不可而为之"（《论语·宪问》）。"知其不可"是对其时代现实政治之复杂性的充分考量，但仍然毕一生之努力"为之"则是为未来理想秩序的实现而张本。

最后，贯穿于孔子思想观念中，连接历史、现实与未来的线索，便是孔子始终思考与追问的人类生存处境的根本问题，即对于个体现实生活与人类整体社会而言，什么样的德性与制度才是最好的。这是孔子作为师者典范，教化人心、救时淑世所思考的总问题。

小　结

本章从历史—语源学的角度考察了人类历史上"师"的缘起，由此追溯了孔子为师的前缘及其一生为师的经历。

起初，人类社会中作为教育承担者的"师"是从原始的"巫师"中独立出来的。随着文明的演进，人类的认识能力与主体意识不断上升，由"巫"到"师"的过程，亦即由神圣事物的教化者转变为世俗文明的教化者之过程。据现存文献看，最晚在西周初年，由"巫"到"师"的转变已基本完成。西周社会生活各领域，各类"师"的分工已然十分具体而细致，并建立了主管教化的专门的官僚系统，中国社会的教育体制翻开了新的一页。

西周初年繁盛的礼乐文明延续到孔子所生活的春秋时代，却发生了礼崩乐坏，王纲失坠，霸凌交替，社会无序的现象。人们生活在极度痛苦中，看不到希望。孔子有感于此，尽其毕生之努力开展教化人心，复兴周礼，编撰六艺，托古改制的壮举。

孔子在儿童、青年时代（30 岁以前）发愤学习，从生活周遭世界与历代礼乐文教典籍中获取广博的知识与丰富的技能，30 岁以后即开启其教育生涯。孔子为师的经历大致可分为三个阶段：中年时代（30 岁至 50 岁）授徒设教，传授历代文明积累下来的礼乐文教典籍；老年时代（51 岁至 68 岁）出仕周游，将自己的大道理想付诸实践，在极为艰难的社会政治实践中与弟子们共同朝向人类理想的美好生活而不懈努力；晚年（69 岁至 73 岁）回到故国，潜心将自己一生的经历、见闻、认识、体悟深入反思，将历代积累下来的文化典籍进行整理，增删，提炼，转述，创作。

孔子中年时代授徒设教是对传统教育的拓展，老年时代出仕周游是对现实政治改革的努力，晚年时代所进行的一系列对历代文明典籍的删订、整理以及创造性的阐释，则是面向人类社会未来发展苦心孤诣的操持。

第二章
学而不厌：好学精进与生活世界的展开

玉不琢，不成器；人不学，不知道。

——《礼记·学记》

"青青陵上柏，磊磊涧中石。人生天地间，忽如远行客"[①]，古人见翠柏与垒石，转念物之恒常而人生之短促，进而引发人生意义的思考。人活在宇宙天地之中，大自然是个体认识发生的原初场域，同时也是为个体生存提供意义与价值的原初境域。个体总是在与周遭世界的交流中一点点展开自我认识与发展。换言之，个体生活世界是个体发展的基本场域，个体生活世界的一步步展开亦即个体发展的生动历程。"生活世界"本是现代西方哲学语境中的概念，本研究借此讨论孔子作为师者典范的个体发展之路。首先有必要对"生活世界"的内涵做个交代。

胡塞尔在对现代科学危机的焦虑中把"生活世界"作为其现象学研究的一个重要议题。其实早在西方启蒙运动之初，哲人对人的理性发展可能带来的后果便已产生了深切的忧虑。源于这种忧虑而来的哲思自卢梭发轫，康德继而深入阐发，至现代西方哲学细致发微，三百年来从未停息。现代以来，实证科学的胜利几乎占据了人类生活的每一个角落。在这样一个被科学与技术裹挟的生存处境中，人们赖以生存的基础性境域却被遗忘了。哲人们有感于此，意欲重新唤起人们对前科学世界，亦即为人类生活提供意义之源的"生活世界"的回忆。

---

① 马茂元. 古诗十九首初探［M］. 北京：商务印书馆，2017：60.

胡塞尔说:"在 19 世纪后半叶,现代人的整个世界观唯一受实证科学的支配,并唯一被实证科学造成的'繁荣'迷惑。这种唯一性意味着人们以冷漠的态度避开了对真正的人性具有决定意义的问题。单纯注重事实的科学,造就单纯注重事实的人。"① "只见"意味着"只见"以外的"不见",也就是事实之上的价值问题不被看见。时代的精神不再追问意义与价值的问题,只专注于早已远离意义原发处的现成而孤立的事实。"青青陵上柏,磊磊涧中石",自然之境与个体生命的关联越来越淡薄,换言之,这些恒常自然之物很难再次唤起当下人于宇宙天地间对自己有限短促的一生之意义与价值何处安顿的思考。或许唯有在医院的加强护理病房里,在至亲至爱之人弥留之际的情势下才能让当下人无法回避这严酷的生存紧迫感。在"只见事实"的视野中,人的目光变得越来越狭窄,不再把世界与自身看作一个相互关联,共生共契的整体。人们对象化地看待世界,世界凸显在面前,世界是待处理的对象物。这种处境就是对生活世界的遗忘,直指人的生活意义的虚无。生活世界的概念由胡塞尔提出后,海德格尔、许茨、哈贝马斯等西方哲人对此都有阐释和发挥,综合各家学说,现象学语境中的生活世界大致有如下几项基本要义。

第一,生活世界是意义的源发处,具有本源性。实证科学不提供意义的解答,实证科学所关心的事实在生活世界之中发生,事实背后的意义与价值要从前科学的生活世界的源头寻找。第二,生活世界不是现存给定的,而是在不断发生着的构成性的境域。因为是意义源发处,它可被直接经验到,但它又是在不断构成的,所以生活世界不可能以经验结果的方式被经验到,而是永远以被经验着的方式在过去与当下的牵扯中向未来敞开。因此,由经验所开显的真理总得在时机境域中才能把握。第三,"我"与生活世界的关系并非像一个现成事物放在另一个现成容器内的关系。生活世界总是主体性的,也就是这世界总是"我的""我们的",我们(我与他者)是生活世界的共同体,是共同参与者、共同建构者、共同领悟者与共同阐释者,意义流淌于生活世界与我们之间,彼此朝向他者敞开自我。第四,

---

① 胡塞尔. 欧洲科学的危机与超越论的现象学 [M]. 王炳文,译. 北京:商务印书馆,2017:18.

生活世界又总是在不经意的情势间展开，在朦胧笼罩和弥漫的氛围中支配着一切，具有非主题性、边缘性和隐匿性，因此生活世界不会在主体前凸显为对象物，不会成为客观意义上的实体。经由上述说明，接下来我们探讨孔子面向生活世界展开的个体发展之路。

第一节　心志向周遭世界的初开

起初，婴儿呱呱坠地来到这个世界。在妈妈的怀抱中，婴儿首先感受到妈妈的体温与柔和的鼻息。妈妈的怀抱就成了婴儿与世界相遇的最初场域。成长开来，开始能在床上爬行了，他的四肢和眼睛渐渐感受到、观察到更广泛的世界。个体生命初始阶段的生命内涵也就是他所处的不断建构生发着的周遭世界。个体生命所处的世界的结构与秩序，孕育并开启一个人内在的生命秩序。"我们把个体成长理解为一个渐次发生的过程……一个健全的个体，其人格特征表现为自我向世界的广泛的开放性，也就是个体与世界丰富和生动的精神性联系，由此而使得个体显现为丰富、博大的精神旨趣，其向世界而开放的内在精神结构正始于个体早期生命发展的奠基。正因为如此，早期教育的意义就是要尽可能地拓展个体的生命体验，拓展个体与周遭世界的丰富而生动的精神联系。"① 孔子自述其"十有五而志于学"。许慎《说文解字》解释："志者，心之所之也。"孔子志于学，意味着其心志向周遭世界的敞开。

一、兴于诗：个体生命意向性的唤起

现代人看待诗歌的眼光与古人完全不一样了。工业文明所开启的技术理性时代是一个去诗歌化的时代。在我们的日常生活中，诗歌对于个体心灵的熏陶与教化早已不再起主导作用。在学校教育中，诗歌只是知识技能教育背后的一些点缀或补充。成年后，我们即便仍然读诗，但也大多只是

① 刘铁芳. 返回生活世界教育学：教育何以面对个体生命成长的复杂性 [J]. 教育研究，2012，33（1）：49.

审美化的精神消遣而已。个体成长的基本精神面向已然不再朝向诗歌。而孔子所生活的时代，诗歌唤起个体生命整体性地向世界敞开，日常生活的语言是带有诗意的语言。孔子教导自己的儿子孔鲤："不学诗，无以言。"（《论语·季氏》）某种意义而言，诗歌就是日常生活本身的语言，诗歌意味着对个体生命意向性的唤起。

意向原是经院哲学用语，指认知过程中心灵所形成的特殊形象和表象。胡塞尔将意向性作为其现象学研究的一个基本概念。他认为意识总是一种关于某种对象的意识。意识的规定性就是对某种事件的趋向，它是构成意识，特别是纯意识的唯一的本质性结构。意向把确实经验到的、作为意识之流中不可分割部分的材料作为意向的对象。但是这个对象又绝不是凝固了的，而是被意向随时建构着的。比如，我们在生活中经验到"风"，于是我们在意识中对"风"有所领悟。但此时的"风"于我们而言是具体生动而又切己的，它在意识之流中随我们当下的生存处境与历史的生活经验交叠牵扯，生成建构，变动不居。它在意识之流中此时可能是温柔的，彼时也可能是凛冽的，可能唤起我们"西城杨柳弄春柔"——弱柳扶风的江南暮春意境，也可能唤起"风萧萧兮易水寒，壮士一去兮不复还"的燕赵壮士的悲壮情怀。意向性是认知者与被认知者之间的不可分离的相关性。因此，胡塞尔洞见意向性有一种构造的作用，意向活动本身也参与构造了意向对象。我们来看孔子是如何以诗歌开启个体的意向性的。孔子非常重视诗教，他耗费巨大精力删诗书，订礼乐，便是看到了诗歌在本源处的教化功能。

> 风，风也，教也。风以动之，教以化之。（《毛诗序》）

风是《诗经》中最贴近日常生活的十五"国风"。有一种说法是把诗歌比作自然界之风是因为诗歌的教化就如同风一般，以温和细润的方式潜移默化地感化人心。而这种感化的内在路径实际上是"心灵—风—心灵"的感化。人类的心灵与心灵之间经由风这一中介达成相通，共同感受美善事物，于是风起而教化兴。

> 诗者，志之所之也。在心为志，发言为诗。情动于中而形于言，言之不足，故嗟叹之；嗟叹之不足，故永歌之；永歌之不足，不知手之舞之，足之蹈之也。(《毛诗序》)

这里"诗"和"志"指向的是人类心灵这一共同的内涵，亦即个体心中内在的生命意向。诗歌是个体心灵的外化，心灵是诗歌作品的内蕴。这里所谓的古典诗教也就是让美善事物通过诗歌像柔和之风一样在人与人的心灵间得以传递。由此进一步而言，诗歌的原型是生活世界的美善事物，由美善事物所唤起的个体生命意向，发而为言才成其为诗。由此可知诗教（风化）亦即唤起个体将内在心灵朝向美善事物的原发之处。于是，作者、诗歌与读者三者共同朝向美善事物，从而在美善境界中达成一致，唤起人类的普遍意识与审美意识，以诗化人，以美化人，滋养个体诗性生命，这便是古典诗教的内在机理。

> 子曰："小子何莫学夫《诗》？《诗》可以兴，可以观，可以群，可以怨。迩之事父，远之事君，多识于鸟兽草木之名。"(《论语·阳货》)

孔子叮嘱门下弟子要好好学诗。为什么孔子不直接将鸟兽草木之名传授给小子，而要通过"诗歌"这一中介来让小子们识得其名呢？这恰恰构成古典诗教与现代知识传授的重大区别。鸟兽草木是日常生活事物，个体生命初始阶段看待世界的眼光是混沌的，将自身与周遭世界融为一体。换言之，孩童通过诗歌看待鸟兽草木是在一个宏阔而整全的天地视域中来感受事物的生动性、丰富性，以及体验到事物与自我生命的关联。在这种朦胧的关联视域中，孩童基于自身的生活体验与鲜活感受在自我的精神世界中第一次以"属己"的方式给鸟兽草木命名，同时也建构着自我生命的内在丰富性。而一旦成人将已然命名了的现成事物，即鸟兽草木的现成之名传授给孩子，那就意味着阻断了孩子于混沌中感受到的日常事物与自我生命的关联。换言之，这些命名了的事物"作为意识之流中不可分割部分的材料"从意识对象中凝固而脱落。这样一来，个体由原来的以存在论视角感受事物转变成对象化看待事物。对象化亦即自我心灵向对象物的封闭。

古典诗教恰恰就是要在孩童尚未命名事物的前对象化阶段，以合乎心灵尺度的方式唤起个体先行朝向事物原型的动能，从而让心灵为生活世界敞开，让心灵第一次以属己的方式去为鸟兽草木命名。

　　子曰："兴于诗，立于礼，成于乐。"（《论语·泰伯》）

　　"兴"对于理解个体生命意向性的唤起也非常关键。朱熹《四书章句集注》解释："兴，起也。"这里的"兴"可以理解为初始起点，是意义的源发初生之处，也可以理解为开启，亦即意义的生发开启空间。再看兴字的原初字形：🈲（甲骨文）、🈯（篆文）。"兴字的甲骨文、金文、篆文，它们的基本结构类似，都是用手举起一个什么东西，四人共举一重物，它的原义是'共举'……兴通过自己的'语言游戏'唤起了一种'共举'的纯语境力量，或气韵，由此而使被兴者乃至全诗得到真切的领会。"① 我们不妨沿着张祥龙先生的指引先来考察一番"兴"的原初义涵——"共举"。第一，"共举"者必然会因所举之"共"而产生心灵间的交感。当我们共同举一重物时，最能体验到彼此之间隔阂的消解与共同体的初生。我们的心灵明白，只要自己稍一松懈，对方即可感知重负。第二，"共举"是将物之原初状态提升，并由此生发出一种保持所提升态势的力量。我们来看《诗经》的起首篇章：

　　　关关雎鸠，在河之洲。窈窕淑女，君子好逑。
　　　参差荇菜，左右流之。窈窕淑女，寤寐求之。
　　　求之不得，寤寐思服。悠哉悠哉，辗转反侧。
　　　参差荇菜，左右采之。窈窕淑女，琴瑟友之。
　　　参差荇菜，左右芼之。窈窕淑女，钟鼓乐之。

　　　　　　　　　　　　　　　　　（《诗经·周南·关雎》）

---

　　① 张祥龙. 孔子的现象学阐释九讲——礼乐人生与哲理［M］. 上海：华东师范大学出版社，2009：83.

男女婚配是人的自然本性，也是人类繁衍生息的大义所在，人类所有文明以此为基。因此《关雎》冠以诗三百之首。

"故正得失，动天地，感鬼神，莫近于诗。先王以是经夫妇，成孝敬，厚人伦，美教化，移风俗。"（《毛诗序》）可见"经夫妇"乃先王政治的基础性工作。"君子之道，譬如行远必自迩，譬如登高必自卑。《诗》曰：'妻子好合，如鼓瑟琴。兄弟既翕，和乐且耽。宜尔室家，乐尔妻帑。'"（《中庸》）

那如何将这基础性政事用一种和风细雨的方式深植青年男女的心灵，从而将家的根基夯实于君子与淑女的和美感情之间呢？这就是诗的教化意义所在。而诗教的灵魂又恰恰在起首的"兴"。此诗中男女婚配之事与前面的"兴"有什么联系呢？兴不是修辞中的比喻，并未明确在本体与喻体间建构一种对象化的联系。如果从理智的角度出发，我们很难用逻辑推演出河边的鸟叫与此诗所要表露的意蕴有何关联。但是沉潜涵泳，起首的兴意立刻把人的心灵带入一种共融共契的语境中，唤起人的一种"共举"的心灵朝向，为后面的娓娓道来作准备。因此，兴所发起的并不是理性认知，而是对原初事物的体验。在兴意所笼罩的境界中，后面的诗意便能够自然顺畅地流淌出来。这也就是诗人与读者之间由共同体验到的生活世界的美好事物而发生的心灵交感，这种心灵的交感将个体身心唤起，共同朝向更高的美善。反之，倘若一上来就"窈窕淑女，君子好逑"，便脱离了身心被召唤的境域，这样诗教就降格成了说教。

此外，起首的兴意，让青年男女源于自然本性的欲望获得了某种审美性与神圣性的提升，也就是淑女与君子所内涵的人性美德被河中之洲的"关关"鸟叫声充分激活，从而焕发出了熠熠光辉。全诗的意蕴由起首之兴开启，并为兴意所笼罩。我们不妨闭目凝神，将自我身心浸润在"关关雎鸠，在河之洲"所刻画的境域中来。静静流淌着的小河，河中的小洲生机盎然，郁郁葱葱，洲上的雎鸠发出悦耳的叫声。这是一幅远离世俗，幽魅动人的美好画卷。辜鸿铭先生认为中国女性有一种区别于世界其他民族女性的卓越迷人的特质，他用"幽闲"两字来概括："中国的'幽'字，其字面意思是幽静、僻静、害羞、神秘而玄妙。'闲'的字面意思是'自在或悠闲'……此种中国的'幽'字所表达的特性，我能说，她是所有女性的本质特征。对一个女人而言，这种腼腆和羞涩越发展，她就越具有女性美——雌性，实际上，她也便越成其为一个完美的、理想的女人。"① 他进而对"窈窕"两字做细致的解读："'窈窕'两字和'幽闲'的含义在字面上是相同的，'窈'也就是幽静恬静的、温柔的、羞答答的意思；'窕'字则表达的是迷人的、快活轻松的、彬彬有礼的。'淑女'则表示一个纯洁或者贞洁的少女或者妇女。"② 要确切理解《毛诗序》所提"风，风也，教也"，就得身临其境去体验兴所引发的原初意境，在这种境域中，人的本能欲望由美善事物所引导，进而朝向人性的优雅高贵之处提升。换言之，人的生命状态从自然生命提升为诗化生命。这也成为古典诗教的意蕴所在。

> 子曰："《关雎》，乐而不淫，哀而不伤。"（《论语·八佾》）

淫是乐的过分，伤是哀的过分。由河洲上雎鸠的关关之声（音乐）所唤起的自然爱欲冲动经由"求之不得，辗转反侧"之心曲历程，君子的德性在"参差"与"左右"的相互激荡与牵扯中，在哀与乐发而皆中的节律中得以砥砺琢磨，于是个体在朝向诗性生命的提升中，一步步拓展着自我内涵的丰富性。

二、多能鄙事：生活技能的习得与人生丰富性的展开

前文所述以兴发为特征的诗教，旨在唤起主体于前对象化阶段从切己的生存体验出发与周遭世界打交道，其核心要义是引导个体在生命初始阶段保持心灵对美善事物的敏感，由此扩充生命发展空间。但是，个体发展的过程同时也是对象化地与周遭事物打交道的过程，以生活技能的习得为基础的实践活动，是心志和身体同时整体性朝向周遭世界不断扩充的必要活动，也是一步步展开人生丰富性的必由之路。接下来，我们继续探讨孔子年少时的生命实践活动对其一生发展的奠基性意义。

孔子先世为殷王室，其先祖微子启是殷纣王之庶兄。殷为周所代，周

---

① 辜鸿铭. 中国人的精神 [M]. 陈高华，译. 西安：陕西师范大学出版社，2011：73-74.
② 辜鸿铭. 中国人的精神 [M]. 陈高华，译. 西安：陕西师范大学出版社，2011：73-74.

成王封微子启于宋。孔子先祖遂由王室降为诸侯，后又逐步降为公卿、大夫，传到孔子的父亲叔梁纥，已没落为离庶民最近的"士"阶层。① 家道衰落的事实无疑在孔子心中引发一种强烈的失落感。张祥龙先生认为，司马迁记载的一桩事能表现出少年孔子内心很深的失落感："孔子要绖，季氏飨士，孔子与往。阳虎绌曰：'季氏飨士，非敢飨子也。'孔子由是退。"（《史记·孔子世家》）"士"是孔子家世由王室而降的最后一道贵族尊严门槛，季氏家臣阳虎甚至连孔子"士"的身份都不承认，如此轻蔑地侮辱王室之后。这一事件必然深深刺痛了少年孔子的自尊心，从而激发起他心中强烈的进取心。于是，他退而志于学。

然而孔子早失怙恃②，为生活所迫，不得不较其他同年的孩子更早学习一些琐碎卑微的生活技能，稍微年长一点又做"委吏"（管理仓库），还做过"乘田吏"（管理牲畜），这些都是一些卑微的职业。"孔子贫且贱，及长，尝为季氏史，料量平；尝为司职吏而畜蕃息。"（《史记·孔子世家》）年轻时代习得的生活技能与从事的卑微职业为他今后人生的发展奠定了基础。

> 太宰问于子贡曰："夫子圣者与？何其多能也？"子贡曰："固天纵之将圣，又多能也。"子闻之，曰："太宰知我乎！吾少也贱，故多能鄙事。君子多乎哉？不多也。"牢曰："子云，'吾不试，故艺'。"（《论语·子罕》）

历代注家多从孔子自谦，非敢承圣之名的角度来解读"吾少也贱"，而没有充分意识到少年时代"多能鄙事"对孔子未来下学而上达的奠基性意义。孔子生活的时代，只有贵族子弟方能接受以诗书礼乐为基本内容的博雅通识教育，而孔子"贫且贱"，没有机会接受系统完整的官方教育，只能从生活技能的习得中一点点领悟为学为己之道。但兴许恰是年少时贫且贱

---

① 钱穆. 孔子传 [M]. 北京：生活·读书·新知三联书店，2012：1.
② 《史记·孔子世家》载"丘生而叔梁纥死"。据钱穆先生考证，孔子三岁，父叔梁纥卒。其母颜征在卒于孔子十七岁前。详见：钱穆. 孔子传 [M]. 北京：生活·读书·新知三联书店，2012：135.

的这段人生经历，开启了孔子由凡而圣的道路。这实际上引出了一个多能与成圣的关系问题，即便是禀赋极高的天纵之才，也必经由强学多能之途径方能成德成圣。

"鄙事"指日常生活中卑微琐碎的小事，个体通过处理这些事务来一步步习得生活技能。个体在各类生活技能的学习与操持中将自我身心整体性地投入生活世界中，与世界建立起直接、生动、广泛而丰富的相互关联，这种基于人的生存发展之需的实践活动即马克思主义哲学语境中的"劳动"，也是马克思主义哲学的枢纽——"实践"。

自笛卡尔提出他的著名的"我思故我在"命题以来，欧洲近代哲学开始了从关注对象世界向关注人自身内在世界的转向。物质与意识，存在与思维的关系问题成了哲学的基本问题。几百年来，唯理派与经验派对此争论不休。作为人的本质的内在意识（包括对象意识与自我意识）究竟是如何来的，成了长期悬而未决的谜题。在马克思之前，黑格尔洞见了劳动的本质，"他（黑格尔）把劳动看作人的本质，看作人的自我确证的本质"①。然而黑格尔对劳动观念的局限在于他仅仅把纯粹精神领域的劳动视为唯一真实的劳动，认为是脑力劳动、意识活动塑造了人的内在品格。马克思超越黑格尔的劳动观揭示了对象化活动即人的劳动，认为劳动是人的本质力量的对象化，是人类永恒的必要活动，也是人得以赢得自由和解放的依据。人在基于身体活动和精神意识活动的劳动中不断塑造着自我，体现着人的自我本质。"说人是肉体的、有自然力的、有生命的、现实的、感性的、对象性的存在物，这就等于说，人有现实的、感性的对象作为自己本质的即自己生命表现的对象；或者说，人只有凭借现实的、感性的对象才能表现自己的生命。"②

这也意味着，个体越是将自我生命更多地更广泛地投入现实生活世界之中，人对自我本质的占有就越充分，亦即人的生命意蕴就越丰富，人就更充分地彰显为一个人。"人们用以生产自己的生活资料的方式，首先取决

---

① 马克思.1844年经济学哲学手稿［M］.中共中央马克思恩格斯列宁斯大林著作编译局，译.北京：人民出版社，2000：101.

② 马克思.1844年经济学哲学手稿［M］.中共中央马克思恩格斯列宁斯大林著作编译局，译.北京：人民出版社，2000：105.

于他们进行生产的物质条件。人们用以生产自己的生活资料的方式，首先取决于他们已有的和需要再生产的生活资料本身的特性。这种生产方式不应当只从它是个人肉体存在的再生产这方面加以考察。它是这些个人的一定的活动方式，是他们表现自己生命的一定方式、他们的一定的生活方式。个人怎么表现自己的生命，他们自己就是怎样。因此，他们是什么样的，这同他们的生产是一致的——既和他们生产什么一致，又和他们怎样生产一致。因而，个人是什么样的，这取决于他们进行生产的物质条件。"① 马克思从生产劳动的视角揭示了人的发展的可能性。那么，这种对象化的实践活动具体而言究竟是如何一步步扩充个体的生命内蕴的呢？

个体在生命初始阶段，对象意识与自我意识并非截然分开，而是以模糊混沌的形态将自我意识消融于对象意识之中。"'开始意识到自身的个人'仍然还只是把自身当做对象、自然界并无区别的经验事物来意识的……原始人和儿童尽管通过自己的语言、概念而意识到自己的'类'，却仍然没有把作为'类'的对象与其他种种对象区别开来，反而通过一种不由自主的'拟人作用'而把一切对象都看作是自己的'同类'：原始人把自然界的力量看作某种意志的力量，儿童则和一切动物、花草、玩偶'对话'。"② 但是，当个体以基于身体实践的方式与周遭世界广泛深入地打交道时，这种模糊形态的意识便开始一步步得到提升。个体将身心投入周遭生活世界中，意味着将自我身心专注于各类事物的关联性之中，并将自我身心摆进这种关联之中，于是个体与生活世界建立起真实而生动的联系。我们来看苏霍姆林斯基的一段精彩阐述："这种劳动的典型特点，就是它的各个步骤和操作之间都有依存性，而且它要求高度的注意力、精神专注和动脑筋思考。在手的动作和思维之间进行着不断的传导：思维在检查、纠正、改善着劳动过程，而手似乎把各种细节和详情报告给思维，于是劳动就发展了智慧，教给学生合乎逻辑的思考，深入那些不能够直接观察到的某些事实和现象

---

① 马克思，恩格斯. 马克思恩格斯文集：第一卷［M］. 中共中央马克思恩格斯列宁斯大林著作编译局，编译. 北京：人民出版社，2009：519－520.
② 邓晓芒. 实践唯物论新解：开出现象学之维［M］. 武汉：武汉大学出版社，2007：43－44.

之间的依存关系中去。"① 个体在与周遭世界打交道的过程中，在处理各种类型的日常生活事务之中，使得对象化意识由模糊变得清晰，并且在此过程中以对象世界为镜像，个体的自我意识在体认与对象世界的关系中得到进一步提升。

分析至此，我们似乎能更清楚地看到孔子年少时"多能鄙事"与未来成德成圣的内在关联。"吾不试，故艺"，孔子自言年轻时不被重用（试），所以习得一些卑微的生活技能与技艺。从孔子一生的经历来看，到老年时代孔子有过一段非常出色的从政经历。

> 定公九年，阳虎不胜，奔于齐……其后，定公以孔子为中都宰。一年，四方皆则之。由中都宰为司空，由司空为大司寇。（《史记·孔子世家》）

孔子年少时的"艺"为今后的"试"做了充分的准备。事实上孔子的一生都悠游于各类"艺"之中。子曰："志于道，据于德，依于仁，游于艺。"（《论语·述而》）虽然此处的"艺"注家多解释为六艺之艺，也就是礼、乐、射、御、书、数，但六艺也仍然是各类生活技能的延伸。

由上述《论语·子罕》记载的"太宰问圣"可以推断《论语》的这段记载当发生在孔子晚年，其已然名扬宇内之时。孔子说"君子多乎哉？不多也"，这提示我们，个体发展初期，广泛而丰富的实践活动是扩充生命内涵的必要路径，但是当个体发展到相对成熟的阶段时，其生命品格已然树立，应当超越单纯的知识与技能训练，而将个体身心活动专注于天地人伦之大本大纲上。孔子一生的教育信念是培养人成为君子，亦即引导个体从自然血气的肉身生命中超拔出来，努力成为堪担"克己复礼，天下归仁"之大义的君子。

---

① B. A. 苏霍姆林斯基. 给教师的建议：全一册［M］. 修订版. 杜殿坤，译. 北京：教育科学出版社，1984：82.

三、入太庙每事问：心灵对周遭世界的敏感

对于《论语》各章句的编排，各家看法不一，初读者往往感觉有些杂乱无章。但是翻开《论语》，其首章呈现的第一个主题就是"学"。通读《论语》，"学"也是孔门师徒反复谈论的一个话题，孔子也承认自己的过人之处是比别人更加好学。子曰："十室之邑，必有忠信如丘者焉，不如丘之好学也。"（《论语·公冶长》）在看似千头万绪的孔门对话中，"学"作为一个主题凸显出来。通过文献，我们也大抵了解到当时孔门之学的内容是诗书礼乐，学的目的是成就君子人格。但是有一个问题还有些晦暗不明，有待澄清，即学的方式与路径。

> 故君子尊德性而道问学，致广大而尽精微，极高明而道中庸。（《中庸》）

在中国文化语境中，学与问往往是联系在一起的，或者说是由"问"而引发"学"，由问而学的道路是君子砥砺德性，致广大—尽精微—极高明，成德成圣的中正之道。因此，由问而学所获致的真理在中国文化语境中叫做"学问"。海德格尔说"问是思之虔诚"，由问让个体朝向世界敞开。"问"也是《论语》向后人呈现的最生动活泼而又最常见的一种场景，孔子、弟子、时人总是在"问"，问仁、问礼、问政、问学、问孝、问生、问死……由"问"而开启的对话成了整本《论语》最基本的话语方式。为了弄清楚孔子志于学的方式，有必要对《论语》中有关"问"的关键一章进行一番辨析：

> 子入太庙，每事问。或曰："孰谓鄹人之子知礼乎？入太庙，每事问。"子闻之，曰："是礼也。"（《论语·八佾》）

对于这一章"每事问"的理解，归结前人的说法大致有三种。第一种认为孔子"不知而问"。孔子当时尚年轻，还没有充分掌握礼，而太庙中礼数繁复，千头万绪，所以孔子每事问。第二种认为孔子"明知故问"，因为

鲁国太庙中有很多违背古礼的事情，孔子不便明斥，故以反问的方式委婉劝谏执政者遵循礼的规范。第三种介于前两种之间，认为孔子"知而阙疑"，因此发问求证，彰显了孔子对礼的敬重与审慎。

仔细辨析，以上三种说法前两种说法问题较多。第一种说法的问题在于"孰谓鄹人之子知礼乎？"这暗示着孔子当时已然深谙礼而为世人所知，即便有不熟悉的礼，也只是偶尔问，不至于"每事问"。第二种说法的问题是，"明知故问"的态度有违孔子作为圣贤的"至诚"品格。清代王夫之对此有深入辩驳："虽知亦问之说，只要斡旋圣人一个无所不知，无所不谨，而诚伪关头，早已鹘突。"①

第三种说法相对于前面两种说法似乎更可靠一些。"'每事问'即非不知，亦必有所未信，从好古敏求得者，若未手拊而目击之，终只疑其未然。圣人岂必有异于人哉？寻常人一知便休，则以疑为信，知得来尽是粗疏，如何会因器以见道？夫子则知问者信之由，不问者疑之府，而礼之许人问者，乃使贤者俯就，不肖者企及，以大明此礼于天下也。"②

张祥龙先生对此章的阐释独辟蹊径。他认为"问"是介于"知"与"不知"的一个居间状态。"一定有某种粘连着'知'与'不知'的中间状态、发生状态使得学习可能，而'问'恰恰表现出了这个中间状态。"③ 柏拉图在《美诺篇》也提出了一个关于美德是否可教的悖论。美诺问苏格拉底美德是否可教，苏格拉底认为美德不可教，因为他连美德是什么都不知道。美诺自认为对美德有所知，他列举了各种各样的美德，男人的美德，女人的美德，但是仍然没有揭示美德本身是什么。这个悖论的简单表述是，倘若知道美德是什么，那么就"无需问"；倘若不知道美德是什么，则"无从问"。所以"问"本身不是一种二元对立的思维状态，而是一种在已知与未知的相互交织中引发出新知的状态。因此苏格拉底说："这种知识不是来自传授，而是来自提问。他会为自己恢复这种知识。"④ 苏格拉底由此而把

① 王夫之. 读四书大全说：上册［M］. 北京：中华书局，1975：227.
② 王夫之. 读四书大全说：上册［M］. 北京：中华书局，1975：227.
③ 张祥龙. 孔子的现象学阐释九讲——礼乐人生与哲理［M］. 上海：华东师范大学出版社，2009：27.
④ 柏拉图. 柏拉图全集：第一卷［M］. 王晓朝，译. 北京：人民出版社，2002：516.

学习的可能性归结为灵魂对已知事物的回忆，并认为这种已知事物是真理的原型。

在这里，孔子与苏格拉底并不相同，孔子并不认为这世间存在超越性、永恒性的真理。孔子认为真理只能在时机化的境域中当场领悟，也就是只有在问答与对话所开启的现时情境中当场生成理解。孔子的教育精髓"启发"实际上也就是启发这个"问"的状态。孔子的所有教育对话也就是要把学生的身心引向一种"问"的情状之中。这种发问的情状实际上是还原到一种前对象化、前观念化看待事物的情状，引领发问者置身于与其自身关联的活生生的具体事物之中，在关系结构中来领悟其真理性。

> 子曰："不愤不启，不悱不发。举一隅不以三隅反，则不复也。"（《论语·述而》）

朱熹《论语集注》解释："愤者，心求通而未得之意。悱者，口欲言而未能之貌。启，谓开其意。发，谓达其辞。"心求通，口欲言意味着个体心灵已然朝向"知"，但现时还依然停留在未得未能的蓄势待发的状态。因此这个态势是个体心灵获得真理性体悟的最佳时机。只有在这个状态中开启，意义才会源源不断地充盈自身。"我们最能知的状态并不是已知（像唯理论讲的那样），又不是未知（像经验主义讲的，所以需要从感觉印象中接受到全新的东西），而是最原本的'知又不知'的状态。我们人天生就知又不知，天生就在发问，我们就生活在这一生长点上。一个孩子如果没有这个本事，他根本学不会语言。这种状态就含有对不知的知，对知的不知，所以才能够知知，知不知，是知也。这才是一种原（源、缘、元）知。"①

> 子曰："吾有知乎哉？无知也。有鄙夫问于我，空空如也。我叩其两端而竭焉。"（《论语·子罕》）

---

① 张祥龙. 孔子的现象学阐释九讲——礼乐人生与哲理 [M]. 上海：华东师范大学出版社，2009：29.

这里孔子应对鄙夫之"问"的方式并不是将已知的现存知识简单明了地传授给他，而是首先将自己与鄙夫置于同一种"空空如也"的"无知"向"知"迈进的发问状态。通过叩问（发动）其所问之事的两端（端是端倪，也就是意义初生原发之处。两端意味着事物的本与末，始与终，上与下，正与反），从而让发问者反求诸己，自行开悟。可以说孔子启发式教学的关键奥秘就在于此，也就是让个体心灵始终保持一种"发问"的状态，亦即保有心灵对周遭世界的敏感，由问而发，以获得真理性体悟。

第二节　个体生命朝向整全性发展的自觉

个体生命首先作为自然肉生性生命与这个世界相遇。个体经由初始阶段混沌地看待世界，将自身与世界混为一体，慢慢通过与周遭事物的生动交往，渐次萌生自我意识。将自我的生命体验向周遭世界不断扩展的过程，亦即自我意识不断提升发展的过程。在此提升过程中，个体之于天地人事中的位序在自我意识中逐渐生长起来，个体之于世界的意义问题唤起人一步步从自然生物性个体走向属人的社会性个体。如果说前一阶段的个体发展主要是个体的自然生命充分在自然世界中展开，以基于身体体验的方式与世界进行广泛而生动的交往，那么从历时性角度来看，更高阶段的个体发展则是个体生命与人类历史，以及与当下的人类整体文明进行广泛而深入的精神交往。

一、信而好古：充分浸润于人类历史文明之中

放眼世界，再没有另一个民族像中华民族这样对自己的历史与文明如此珍视且保存得如此完备。两千五百年的正史，脉络分明地形塑着当下每一个中国人的内在精神世界。今天，我们依然能读懂两千年前的古代文字，在与历代以来为这个文明树立坐标的古圣先贤的交往对话中，我们汲取到了丰厚的精神滋养。

"历史中的文本只向那些在属己的精神意识中实际参与到这种内在交往

中去的人启明自身的意义，历史文本的真实意义只在现时属己的精神意识的提问过程中才得以呈现。"① 古典文明作为源头活水依然不断地向着当下涌现而流向未来，为个体生存敞开意义之源。个体发展意味着个体总是朝向自己的可能性发展，也就是由展开于当下的现实性存在朝向将来的可能性存在而发展。但是这种由当下现实性向将来可能性的超拔却是由过去承袭而来。我们活在当下，乃是从历史中走来，对过往的理解是个体自我认识的基础。个体活在当下的意义由对过去的反省与对未来的筹划，以及二者的相互牵扯中显示出来。因此，个体生命充分浸润于人类整体文明之中至少包含两个层面的意思。第一层意思指以人类整体文明来扩充个体的生命内涵。

子曰："述而不作，信而好古，窃比于我老彭。"（《论语·述而》）

孔子对于古代历史非常重视，他孜孜不倦、皓首穷经地整理古代文献，在处理文献时不断接受古典文明的熏陶。但孔子并不是将自己的生命投入故纸堆里，换言之，孔子并不是把古典文献当作一个过去了的死了的材料来研究，而是把古典文献当作一个仍然向当下敞开的、活生生的、现时的历史来看待，去追寻古典文献中蕴含的对当下的现实生活与每一个个体生命的意义与真理。"信而好古"之"信"，既指对古代历史文献充满敬意与向往的理解，同时也是在倾注了个人情感之历史理解中深化与提升对自我的认识以及对人类基本生存处境的证悟。从这个意义而言，个体发展的演进之路，亦即人类整体文明于个体心灵中的复演之路。

子曰："古之学者为己，今之学者为人。"（《论语·宪问》）

为己之学的要义亦即让个体生命充分浸润于人类整体文明之中，以此来扩充个体的生命内涵，从单子式的个体存在不断走向公共性的社会存在，由内在成德成圣扩展至外在的王道王义。这也就引出了个体生命充分浸润于人类整体文明的第二层意思，亦即个体生命超越一己个体的心性领域，

---

① 刘小枫. 拯救与逍遥［M］. 上海：华东师范大学出版社，2011：13.

向社会公共领域扩充开来，从而对历史与人类整体文明有所担当。这也是孔子儒学内圣外王、圣王双修的完整内涵。对于后一层意思，本研究将在第三章细致阐述，在此不作展开。

> 子张问："十世可知也？"子曰："殷因于夏礼，所损益，可知也；周因于殷礼，所损益，可知也。其或继周者，虽百世，可知也。"（《论语·为政》）

孔子内外打通，圣王双修，尽伦尽制。但在孔门弟子中，颜回，曾参等一派弟子受孔子教导，更加关注内圣一维，也就是更注重个体心性的修养。而另一派弟子则受孔子影响，更加关注社会公共政治与典章制度的问题，子张就是后一派弟子的代表之一。在这一章中，子张提出了一个深远宏阔的历史本体论大问题。三十年为一世，十世乃三百年，活在当下，却要追问身后三百年的事情。不难看出子张之问乃为未来人类生活的关切所系，而孔子面对子张之问的应答更蕴含着对人类历史悠远的关怀，深具启发性：他唤起弟子自觉于当下具体而生动的历史研究，以历史文化进程中无数人以生命与心血创造的文明精神来扩充自己，并继承而发扬之。若人人都以此种共情和敬畏的精神来对待历史，那么追问三千年（百世）后的人类处境，也是可能获悉的。在此可以清晰地看到，孔门论史并不是单纯地追溯过往的历史事件本身，而是要追问这历史事件背后所带入的当下以及未来的意义所在。东汉的马融解释："所因，谓三纲五常，所损益，谓文质三统。物类相召，世数相生，其变有常，故可预知。"[①]

由此可见，历史带给当下的意义首先意味着个体经由历史文明的熏陶，超越私己性存在，怀着共情之心走向"以类相召"的群体，于是个体之于类的意义才能得到认同和彰显。基于个体的共通性所构成的人类历史才得以被后世理解，才能在历史发展之"变"中探寻文明演进之"常"，在"变"与"常"的张力中获悉历史发展的动因从而把握天地人事的当下情状与未来趋势。

---

① 刘宝楠. 论语正义 [M]. 北京：中华书局，1990：71.

朱熹《论语集注》按："三纲，谓君为臣纲，父为子纲，夫为妻纲。五常，谓仁义礼智信。文质，谓夏尚忠，商尚质，周尚文。三统，谓夏正建寅为人统，商正建丑为地统，周正建子为天统。三纲五常，礼之大体，三代相继，皆因之而不能变。其所损益，不过文章制度小过不及之间，而其已然之迹，今皆可见，则自今以往，或有继周而王者，虽百世之远，所因所革亦不过此，岂但十世而已乎？"

历史与文明将君臣、父子、夫妻这些人类在任何时代都面临的基本人伦关系带入当下的生活世界，在文明的传承中，仁义礼智信作为基本伦常在个体的精神世界中显现出来，成为个体生存的基本文化结构。夏商周，三代相继，三统相通。从历时性而言，人类历史保持了延续性；从共时性而言，每一个个体都享有了人类整体文明的共通性，这样就构成了历史文明的共同体。历史相因而损益，这意味着作为文化共同体的人在历史的传承中，通过修正"过"与"不及"的偏差，从而始终保证人类历史文明行走在天地人相互契合的正中大道之中。只有这样，人类的历史演进才能不至于堕入荒谬，才能合乎目的性，从而为后世所理解，为当下所展望。

子曰："周监于二代，郁郁乎文哉！吾从周。"（《论语·八佾》）

周代承袭夏商两代的礼乐、文教、政典而有所损益，郁郁乎日渐美盛，这华美的盛况必然是人类文明历代因袭相继的结果，也就是历史在每一代个体的生命中充分显现的意义，在其历史意义的彰显中把个体化作文明的共同体，从而共同担负起历史文明的传承演进。

颜渊问为邦。子曰："行夏之时，乘殷之辂，服周之冕，乐则《韶》《舞》，放郑声，远佞人。郑声淫，佞人殆。"（《论语·卫灵公》）

这里我们仍然要清晰地看到孔子所谓"好古"，绝不是希望返回到之前的生活中去，而是要让之前的美善之制在当下焕发新荣，他要让夏之时制、殷之车制、周之服制、虞之乐制在当下的政治生活中重新被激活，从而在历史传承中开创出圣王新制。

> 子曰:"述而不作,信而好古,窃比于我老彭。"(《论语·述而》)
>
> 作者之谓圣,述者之谓明,明圣者,述作之谓也。(《礼记·乐记》)

"述"是述说、阐述、解释的意思,"作"是原创。孔子自述其一生述而不作。这其实提示我们:历史文明与个体发展的关系就其精神实质而言也就是在个体的"述"与"作"的活动中得以展开的。一方面,"述"是对历史文明的深度理解。当个体在向他人述说历史的时候,必然包含着述说者自己的理解,在这个意义上,阐述与理解是同一个事。另一方面,"述"同时必然也是"作",是将自己的理解带入历史意义的显现之中。当个体生命在述说历史时,历史与个体两者的意义被带入当下。"在显示意义的过程中,历史时间中的对话开启了生命意义的未来向度。凡意义的显示都必定要指向未来,现时历史中的精神交谈已把过去与未来融合于现时意向之中。所以,'传统'并不只是我们继承得来的一种先决条件,而是我们自己把它生产出来的。因为我们理解着传统的进展并且参与到传统的进展之中,从而也就靠我们自己进一步地规定了传统。"① 孔子"祖述尧舜,宪章文武",作为中华文明"创造性的传承者",正是在这信而好古,述而又作的活动中一步步理解历史,认识自我,从而开启文明新统。

二、闻韶不知肉味:美善事物对心灵秩序的塑造

从发生学意义而言,音乐的产生是与神圣事物联系在一起的。文化人类学的研究成果表明,在远古时期的巫术与祭祀活动中,先民通过原始音乐取得与神的沟通。在基督文化中,直至今日庄严的音乐仍然是赞美神的。可见,音乐原本就具有一种开启个体心灵,使之朝向更高事物的本源性力量。

> 诗,言其志也;歌,咏其声也;舞,动其容也。三者本于心,然后乐气从之。是故情深而文明,气盛而化神,和顺积中而英华发外,唯乐不可以为伪。(《礼记·乐记》)

---

① 刘小枫. 拯救与逍遥 [M]. 上海:华东师范大学出版社,2011:14.

从《乐记》来看，诗、歌、舞三者本是同源的。朱光潜先生从历史—考古学证据和人类—社会学证据判断"诗歌与音乐、舞蹈是同源的，而且在最初是一种三位一体的混合艺术……诗歌、音乐、舞蹈原来是混合的，它们共同的命脉是节奏。在原始时代，诗歌可以没有意义，音乐可以没有'和谐'，舞蹈可以不问姿态，但是都必有节奏。"① 由此可以判断，诗歌舞的艺术形式的本源还是音乐（节奏），它是人类心灵的表现，是个体本真生命的涌动，其所涌现出的基于人类精神世界之幽深与丰富的源发之力出神入化地感染人，从而引领个体在乐的体验中提升心灵的高度。正因为音乐是人类心灵的真实表现，而人的心性又本乎天性（天命谓之性），所以在音乐中掺杂不进半点人为（伪）的因素。

在音乐生成的纯粹境界中，人性复归天性。对音乐的体验在孔子的人生发展中有着极其重要的意义，孔子对音乐的领悟与修养也极深。

在孔子的理念中，音乐的"乐"与快乐的"乐"只不过是同一个事物在个体心灵中内外不同的显现而已。孔子的理想是要恢复"礼"在人类生活中的秩序。不仅如此，还要让个体心灵在这种符合"礼"的生活秩序中感到快乐。倘若没有内心乐感的体验，即便人类生活复归生硬的礼，也不是孔子所期待的终极理想社会。由此言之，孔子观念里的"礼"是外在社会生活的理想秩序，"乐"是内在个体心灵的理想秩序。"礼"与"乐"一体两面地沟通社会公共秩序与个体心灵秩序，礼与乐同是孔子思想体系及其教化实践中的核心关键词。

孔子在年少时期就开始对音乐下功夫，文献中有一段文字记录了孔子给母亲祥祭完（亲丧满一年为小祥，满两年为大祥）的一个日子里弹琴笙歌的情形："孔子既祥，五日弹琴而不成声，十日而成笙歌。"（《礼记·檀弓》）据前人考证，孔子的母亲在孔子十七岁前去世②，此记载当在孔子十九岁左右。年少时的音乐实践与体验，为孔子一生的艺术审美品格奠定了基础。司马迁记载了孔子向鲁国乐师师襄子学琴的事迹：

> 孔子学鼓琴师襄子，十日不进。师襄子曰："可以益矣。"孔子曰：

---

① 朱光潜. 朱光潜全集：第三卷 [M]. 合肥：安徽教育出版社，1987：13 – 16.

② 钱穆. 孔子传 [M]. 北京：生活·读书·新知三联书店，2012：135.

"丘已习其曲矣，未得其数也。"有间，曰："已习其数，可以益矣。"孔子曰："丘未得其志也。"有间，孔子曰："已习其志，可以益矣。"孔子曰："丘未得其为人也。"有间，有所穆然深思焉，有所怡然高望而远志焉，曰："丘得其为人，黯然而黑，几然而长，眼如望羊，如王四国，非文王其谁能为此也！"师襄子辟席再拜，曰："师盖云文王操也。"（《史记·孔子世家》）

此事，司马迁记载于孔子55岁至60岁身处卫国时期。但此时，孔子琴艺已然很高超，不太可能如此潜沉于学鼓琴。鉴此，前人提出了诸多疑议，张祥龙先生认为最有可能发生在孔子的青年时代，也就是35岁离开鲁国之前，而不太可能发生在晚年68岁后返回鲁国的时期。①

仍然回到上段文字，孔子认为学琴得经历一个"习曲—得数—得志—得人"的渐次心领神会的过程：先得把曲目演奏顺畅，得心应手，然后把握好节奏中的幽妙处，从而领会乐曲的神韵，最后在出神入化的终极体验中，音乐所要表现的内容才会在心灵中显现出来。当然从现代音乐审美心理的角度而言，音乐并不能表达形象化、视觉化的内容，但是孔子在这段音乐的演习中却又清晰明白地见到了文王，这种体验非常神秘。文王是孔子心中朝思暮想的圣王典范，这其实表明音乐把孔子带入心灵所朝向的理想境界中来。音乐就是这般感人，如果说看（观察）世界把心灵引向一种对象化的物我两分的意识活动中，那么听（音乐）则把人的心灵引回物我未分的前对象化阶段，人的主体性完全消融在所听到的世界中。于是音乐所表现出来的美善事物的原型得到个体生命本真的体验。

子在齐闻《韶》，三月不知肉味，曰："不图为乐之至于斯也。"（《论语·述而》）

孔子大致在西元前517年（鲁昭公二十五年），也就是35岁左右抵达

---

① 张祥龙. 孔子的现象学阐释九讲——礼乐人生与哲理［M］. 上海：华东师范大学出版社，2009：43.

齐国。在齐国听闻《韶》乐，在《韶》乐中体验到以前从未体验过的快乐，以至三月不知肉味，从而发出由衷的赞叹。《史记·孔子世家》的记载有些许的出入："与齐太师语乐，闻《韶》音，学之，三月不知肉味，齐人称之。"

究竟是"闻韶"抑或是"学韶"以至孔子三月不知肉味，引发了前人不少的笔墨官司，在此不赘。但是这次闻韶事件，确实对孔子之于音乐的理解与领悟以及一生的礼乐教化实践都是一次关键性的事件。当代学者张祥龙先生称之为"闻韶大悟"，可比于王阳明贵州"龙场悟道"。①《韶》乐把孔子的身心从日常生活世界带入美善的终极境界中来，在这种境界中体悟美善事物的原型，深化对美善事物本身的理解以及美善之于个体心灵与人类社会生活的要义。闻韶开悟以后，孔子对其思想体系中一些极为重要的理念，比如仁、礼、美、善等观念的深意经常由借助音乐类比的方式引发出来。

子曰："人而不仁，如礼何？人而不仁，如乐何？"（《论语·八佾》）如果礼乐不能够充分发挥其引导个体心灵朝向美善品格而完善的功用，那礼乐就失去其意义了。或者反过来说，个体的心灵倘若接纳不了礼乐的引导，那么总难抵达"仁"的理想人格。

> 子谓《韶》："尽美矣，又尽善也。"谓《武》："尽美矣，未尽善也。"（《论语·八佾》）

孔子在聆听《韶》与《武》的深度体验中，审美情感与道德理性得以提升。《礼记·乐记》和《史记·乐书》中均生动记载了一段孔子与一位名叫宾牟贾的学生讨论《武》的对话，尽管前人对这两个文献的真实性存疑，但也可借此探寻音乐对个体人格的影响。

> 宾牟贾侍坐于孔子，孔子与之言，及乐，曰："夫《武》之备戒之

---

① 张祥龙. 孔子的现象学阐释九讲——礼乐人生与哲理 [M]. 上海：华东师范大学出版社，2009：43.

已久，何也?"对曰:"病不得其众也。""咏叹之，淫液之，何也?"对曰:"恐不逮事也。""发扬蹈厉之已蚤，何也?"对曰:"及时事也。""《武》坐，致右宪左，何也?"对曰:"非《武》坐也。""声淫及商，何也?"对曰:"非《武》音也。"子曰:"若非《武》音，则何音也?"对曰:"有司失其传也。若非有司失其传，则武王之志荒矣。"子曰:"唯。丘之闻诸苌弘，亦若吾子之言是也。"

可见孔子正是在对音乐的体验中深化了对"美、善"观念的理解，进而领悟个体心灵与人类社会公共生活的道德要义。在此，音乐是促成个体心灵朝向美善事物的源发之力，让个体心灵体验到本真的美善，从而塑造符合美善原则的心灵秩序，最终实现以"仁"为理想的个体人格之圆成。孔子晚年返回鲁国，有感于音乐对个体心灵的塑造作用，潜心删诗书，订礼乐。

> 子曰:"吾自卫反鲁，然后乐正，《雅》《颂》各得其所。"(《论语·子罕》)

然而尽其毕生精力，不为世俗所容。此节末尾处，我们不妨重温一下孔子晚年，看到鲁国日衰，礼乐刑政不彰，所发出的深忧喟叹，孔子一生的抱负不能施展，最后所看到的是鲁国乐官四散，如钱穆先生所谓"云天苍凉，斯人寥落"之情状。

> 大师挚适齐，亚饭干适楚，三饭缭适蔡，四饭缺适秦，鼓方叔入于河，播鼗武入于汉，少师阳、击磬襄入于海。(《论语·微子》)

三、立于礼：在人伦关系的源头处确立礼的内在依据

孔子晚年总结一生的发展历程，自言三十而立，但究竟何所立，或立于何，孔子在这段人生总结中并没有明说。对此，先儒有各种说法。三国时曹魏何晏的《论语集解》几乎没有作更多解释:"立，有所成立也。"梁

代的皇侃从古人研习经典有明确的时间顺序出发，认为"立"是指对经典的研习有所成就："立，谓所学经业成立也。古人三年明一经，从十五至三十，是又十五年，故通五经之业，所以成立也。"（《论语义疏》）朱熹《论语集注》认为所谓"立"是将"志于学"的心志固守于初始立定的方向，专心致志，心无旁骛："有以自立，则守之固而无所事志矣。"清代刘宝楠不同意皇侃的看法，他认为"三年通一经"的说法只是一个大概的说法，不能仅仅因为年数刚好相同就这样解释。他认为"立于道""立于礼"之类的说法，其实都可以用"立于学"来统摄。学本身并不在道和礼之外。所以孔子十五岁志于学，至三十岁通过学在德上有所成就："诸解立为立于道，立于礼，皆统于学，学不外道与礼也，至三十后则学立而德成之事。"①程树德认同皇侃与刘宝楠的"立于学"的说法："是以立为学立，本汉人旧说，其意最长。观'立'上用一'而'字，其指学立毫无疑义。"② 杨树达认为："三十而立，立谓立于礼也。盖二十始学礼，至三十而学礼之业大成，故能立也。"③

纵观前儒所释，每家持论自有各家道理，不必拘泥一隅。其实孔子所谓"立"，不妨理解为泛指个体人格趋于成熟，与人交往以及处理公共事务时遵循一定的原则，因此在社会公共生活中应有一个属于自己站立的位置。如果说前一阶段"志于学"是指个体内在心志的发展问题，那么"而立"则可理解为个体从私己性生活领域走向更为广阔而丰富的社会公共生活领域，在与他人的交往中，即社会人伦关系中确立自己的位置，既展现个体生命的独立性，又体现出个体朝向他人，朝向世界敞开的生命姿态，包括在社会公共生活中所体现的适宜、节制、审慎、有度的行为举止。如果遵循这样一种解释，那么《论语·泰伯》所记载的孔子自言"兴于诗，立于礼，成于乐"，以及孔子训诲其子孔鲤"不学礼，无以立"（《论语·季氏》）这几章所提"立于礼"似可与"三十而立"互为发明。由于当前所掌握的信史不够充分，我们很难洞悉孔子每一个阶段的生活细节，尤其是

---

① 刘宝楠. 论语正义 [M]. 北京：中华书局，1990：44.
② 程树德. 论语集释：上 [M]. 北京：中华书局，2013：84.
③ 杨树达. 论语疏证 [M]. 上海：上海古籍出版社，2013：41.

30 岁孔子进入社会公共视野前的情况。但是我们仍然能从历史的只言片语中探寻幽微的信息。

"纥与颜氏女野合而生孔子，祷于尼丘得孔子。"（《史记·孔子世家》）

孔子的父亲叔梁纥与孔子的母亲颜氏女"野合"而生孔子。"野合"这两个字特别醒目。张祥龙归结了前人对于这段史料的三类解释：其一，认为叔梁纥与颜徵在婚前同居；其二，不是"草野而合"，而只是不完全合乎或满足当时的礼俗；其三，"野合"是追随古代将圣人神异化的手法，强调其出生和普通人不一样。不论哪种解释更符合事实，我们可以合理推测，孔子自觉到父母的结合在男女婚配这一涉及家庭伦理的大关节方面终究于"礼"有所亏缺。这样一种阴影长期笼罩在孔子的心头。"这个局面，这个孔子生活于其中的实际生活形势，有形无形之中深刻影响了孔子的儿童与青年时代，以它负面的以及潜在正面的含义参与塑造了孔子一生的思想倾向。"①

丘生而叔梁纥死，葬于防山。防山在鲁东，由是孔子疑其父墓处，母讳之也。孔子为儿嬉戏，常陈俎豆，设礼容。（《史记·孔子世家》）

据钱穆考证，孔子三岁左右其父叔梁纥死②，但是其父墓葬何处，孔子的母亲并未告诉孔子。因为颜徵在与叔梁纥在婚姻结合的问题上不符合礼而感到羞愧。孔子三岁失怙，我们可以推测在幼小的心灵中父爱的缺失，唤起孔子自幼对亲子之情的一种特殊的敏感。子失父，妻亡夫这种家庭人伦关系的残缺造成的阴云双双笼罩在孔子母子俩的心头。这也可以合理地解释为什么孔子从小所玩的游戏与一般儿童不同。"我们不能说他的儿童期是不快乐的，但他多半不会以一般儿童的方式得到快乐。也就是说，他在

① 张祥龙. 孔子的现象学阐释九讲——礼乐人生与哲理 [M]. 上海：华东师范大学出版社，2009：7.

② 钱穆. 孔子传 [M]. 北京：生活·读书·新知三联书店，2012：135.

一般儿童的游戏中找不到最深的快乐，因而要到'陈俎豆，设礼容'中找到真正的'嬉戏'之乐。一个合理的解释就是：他在这种成人化、礼节化的'游戏'中，哪怕是暂时性地找到了缺失的父亲和家庭——家族的礼仪身份，稍稍驱散了笼罩在他们孤儿寡母头上的阴霾。因而，这所谓的'嬉戏'之中实际上隐含着孔子少年时凄凉酸楚的人生经验。他父母在'礼容'上出的问题，由这个三岁失怙的孩子不自觉地承担起来，以'嬉戏'的方式来弥补……'陈俎豆，设礼容'变为与'父亲'相会的场所和时刻……这礼仪行得好、行得诚恳，就会促成一个'神在'的时刻。"①

　　基于上述分析，我们可以合理推测，孔子在其自身的家庭成长环境中，由于亲子之情的匮乏而敏锐地意识到，造成当下礼制的败坏是由于人心失去了对礼的情感依据。一方面，从远古巫史传统中演化而来的礼仪，来源于人们对鬼神以及祖宗的敬畏。但是随着人变得越来越理智，人们对鬼神的敬畏之心慢慢被形式化的礼俗仪式稀释，礼的内在心理情感源泉日渐枯竭。另一方面，现实中以长幼尊卑森严等级为基本秩序的礼制越来越约束新兴权贵阶层的发展，所以即便是形式化的外在之礼也被不断地僭越、诋毁与破坏。孔子的弟子也对当时的礼制提出了质疑。

　　　　宰我问："三年之丧，期已久矣！君子三年不为礼，礼必坏，三年不为乐，乐必崩，旧谷既没，新谷既升，钻燧改火，期可已矣。"子曰："食夫稻，衣夫锦，于女安乎？"曰："安。""女安！则为之！夫君子之居丧，食旨不甘，闻乐不乐，居处不安，故不为也。今女安，则为之！"宰我出。子曰："予之不仁也！子生三年，然后免于父母之怀。夫三年之丧，天下之通丧也。予也有三年之爱于其父母乎？"（《论语·阳货》）

　　　　子贡欲去告朔之饩羊。子曰："赐也，尔爱其羊，我爱其礼。"（《论语·八佾》）

　　当历史处于一个失序而荒谬的时代，要重新恢复礼的秩序，在孔子的

────────────

① 张祥龙. 孔子的现象学阐释九讲——礼乐人生与哲理［M］. 上海：华东师范大学出版社，2009：11－12.

认识中首要任务就是要在礼的形式中重新确立人的内在精神依据。换言之，要从人伦关系的源头处，也就是从"亲子关系"这一最原始最基本的人伦关系结构中，重新将外在制度之"礼"固定于人的内在心灵诉求之上，寄望于让"礼"的外在约束性得到人的内在情感的合理性纾解，从而让悠远古老的"礼"，在当下的礼崩乐坏的情势中重新焕发出新荣。

　　有子曰："其为人也孝悌，而好犯上者，鲜矣；不好犯上，而好作乱者，未之有也。君子务本，本立而道生。孝悌也者，其为仁之本与！"（《论语·学而》）

　　子曰："弟子入则孝，出则悌，谨而信，泛爱众，而亲仁，行有余力则以学文。"（《论语·学而》）

　　仁者，人也，亲亲为大。（《中庸》）

"孔子把'三年之丧'的传统礼制，直接归结为亲子之爱的生活情理，把'礼'的基础直接诉之于心理依靠。这样，既把整套'礼'的血缘实质规定为'孝悌'，又把'孝悌'建筑在日常亲子之爱上，这就把'礼'以及'仪'从外在的规范约束解说成人心的内在要求，把原来的僵硬的强制规定，提升为生活的自觉理念，把一种宗教性神秘性的东西变而为人情日用之常，从而使伦理规范与心理欲求融为一体。"①

考察孔子的一生，可知礼对于孔子的人生发展具有关键性的意义。一方面，他是在守护、遵循、发扬礼的精神与原则中不断拓展自我生命内涵，不断完善道德人性，并通过自己一生的生命实践赋予前代之礼以新的内涵。孔子也一以贯之地以礼来作为评价个体性私德与社会性公德的标尺。另一方面，礼也是孔子对人类社会最终发展走向的终极盼望，孔子矢志笃信人类社会的历史将在礼的秩序中得以完善，最终走向天下大同的太平盛世。我们说孔子是中华文明转化性的开创者，主要是说孔子对前代以"礼"为精神内核的文明传统的删订与阐发。孔子删《诗》《书》，订《礼》《乐》，赞《周易》，作《春秋》，其最终目的就是要让礼的秩序风行于天下。

---

　　① 李泽厚. 中国思想史论：上 [M]. 合肥：安徽文艺出版社，1999：25.

第三节　对世界的认知与人生信念的确立

佛家禅宗有一个流传甚广的人生三境界说，可借此描述个体发展的基本历程。第一层是"见山是山，见水是水"。也就是个体生命经由初始阶段，自身与世界融合一体，基于身体感官，以感性直观的方式看待世界，这时世界是一模糊的整体，是直观视域中如其所是的那一模糊的形象。第二层是"见山不是山，见水不是水"。这意味着随着个体与周遭世界的生动交往与实践，自我主体意识与理性能力不断提升，对世界中某一领域的局部认识越来越清晰，从过去的模糊性整体认识提升为清晰的局部认识。可能以科学的眼光把山看成由林木、土壤、石头等构成的一个物质体，把水看作由氢和氧两种元素构成的无机液体，也可能以功利的眼光把山、水看作可以开发成旅游的或是有着其他社会效用的自然资源。这时，山、水在人的认识中就从它本然的自然整体状态分解为各式各样的在人的某一目的牵引下所呈现的其他状态。第三层是"见山还是山，见水还是水"。这意味着个体认识发展的高级阶段，个体对构成世界的各个局部把握得更充分，对事物之间的关联性把握得更为透彻，对自我认识以及自我与世界的关联性把握得更加清晰。这时，个体仍然要回到自我与世界的整体关联中来看待自我与世界，以寻求自我生存的完整意义，也就是个体仍然要回到"活在世界的整体性之中"①。对世界之于自我的意义把握得深入、透彻、清晰也就意味着个体的意志与人生信念更加坚定，不再为纷繁变化着的生活世界所摇惑不决。孔子所言"四十而不惑"，其意义即在此。

一、守死善道：矢志笃行于自我信奉的勋业

孔子并不是西方哲学语境中的思辨家，也不是佛家冥想式的悟道者。孔子成德成圣及其对后世的教导，是通过他的思与行紧密结合的生命实践

---

① 刘铁芳. 追寻生命的整全：个体成人的教育哲学阐释［M］. 北京：高等教育出版社，2017：66 - 78.

活动来展开的。孔子自谓"四十而不惑",此处不应当理解为他明白了世间的真理而不再迷惑,而首先应当理解为他坚定地行走在自己所信奉的真理大道上。通过行道,也就是通过自我生命与世界的生动交往来巩固人生信念,确证人生意义,完善理想人格,从而对人类社会带来积极影响。

> 子曰:"笃信好学,守死善道。危邦不入,乱邦不居。天下有道则见,无道则隐。邦有道,贫且贱焉,耻也;邦无道,富且贵焉,耻也。"(《论语·泰伯》)

这里笃信、好学、守死是孔子对"道"的基本态度与内在依据。但是孔子却不是将作为真理的"道"的守护局限于个体一己心性之内,而是由"学"而"立",由"立"而"行",由"行"而"不惑",也就是在他所处的世界之中通过积极的行动来践行自己的人生理想与社会政治理想。

在《论语》中,孔子师徒讨论问题时,很多章都提到"邦"。"邦"是孔子践行理想的基本场域,他总是在邦国的进退、去留、见隐中来理解与领会世道人心的真理性,亦即在个体与世界的具体而生动、广泛而丰富的交往中来领会和阐释利与义,耻与荣,卑鄙与崇高,君子与小人这些人类生存领域的基本问题。"邦"之危乱与个体的去留息息相关,个体的荣辱也不单纯以贫贱与富贵作为标尺,而是要放到"邦"的整体性政治生态这个更大的场域来作具体的衡量。因此孔子的理想信条不是从观念出发而是从生活出发,不局限于内在自我心性,而是让个体心性向社会公共领域敞开。

分析至此,我们似乎明白了孔子所谓"不惑",主要不是认识论上的事实判断,而是更多指向实践中的道德判断与价值判断。这还可以从以下两章作进一步论证。

> 子张问崇德、辨惑。子曰:"主忠信,徙义,崇德也。爱之欲其生,恶之欲其死。既欲其生,又欲其死,是惑也。'诚不以富,亦只以异。'"(《论语·颜渊》)
>
> 樊迟从游于舞雩之下,曰:"敢问崇德、修慝、辨惑。"子曰:"善

哉问！先事后得，非崇德与？攻其恶，无攻人之恶，非修慝与？一朝
之忿，忘其身，以及其亲，非惑与？"（《论语·颜渊》）

值得注意的是，孔门"辨惑"总是与"崇德"关联在一起。德者，得
也。通过个体生命实践有得于心，才叫"德"。这意味着在孔子的思想体系
中个体道德主体性的上升必经实践而来，通过道德伦理实践，有得于心才
能超越动物性自然血气与喜恶偏好，从而提升为一种稳固、恒常、信达的
属人的德性状态。

讨论至此，似乎还有一点需要稍作补充说明，孔子终其一生"守死"
善道却不可理解为"死守"善道。孔子的人生实践活动绝不是在刻板生硬
的理论框架中循规蹈矩地拘泥"原则"，而是根据变化着的具体实际情况，
在时机化的境域中来施展他的大道理想。在孔子的人生实践中，既有守经
志道的大原则、大方向，又有在错综复杂的情况中通变行权的时机化智慧。
在两难临界的困境中守经知权，当下决断，便是"四十而不惑"的深刻
内涵。

二、博文约礼：情感与理性促成审慎之品质

孔子对自身成长经历的反思促成其对理想个体与理想社会深邃而独特
的思考。孔子对个体理想人格的期待归纳为"仁"的品质。"仁"的源头是
由人类亲子血缘关系引发的孝悌之情。基于"仁"的内在精神品质，见之
于个体举止得体而有修养的立身行事姿态则被称为君子的姿态。

君子务本，本立而道生。孝弟也者，其为仁之本与！（《论语·学
而》）

孔子一生的教化活动旨在培养君子，亦即要让作为个体原初本真之情
的"仁"从人自身的本性之中充分发扬出来，让人的内在品质得到"仁"
的充实与丰盈，从而获得最为饱满的生存形态，这样才能在整体人类社会
生活之中找出人道来。如何在人性中达成"仁"的获致，是孔子一生在教
化实践中思考的重大问题。我们可以从孔子言及人的本性与教养之关系的

话语中来探讨这一问题。

　　　　子曰："质胜文则野，文胜质则史。文质彬彬，然后君子。"（《论语·雍也》）

　　质是质朴，是人自然本有的性情；文是礼乐文教；野是王政教化所不及之处，指一种粗鄙的生活形态；史是巫史之官（上古时执掌礼乐文教之官），巫史若刻板拘泥于典章，则过于迂腐。质胜与文胜都是对君子之道的偏离。只有让人的原初性情经由礼乐文教的熏陶与引导，保持一种本真与教养的生动张力，于内在心性品质与外在行为举止上达成合理的一致性，这样的人才能被称为君子。由此看来，文与质的关系是孔子考虑个体成人的一个关键性问题。通过此章，我们还可得知孔子意识到过度的文教同样也会遮蔽或掩盖人的原初质性，从而导致文胜之弊，即流于虚伪，矫饰，华而不实。那么进一步追问，如何才能保证礼乐文教在合理的限度内发挥对人性的引导呢？

　　　　子曰："君子博学于文，约之以礼，亦可以弗畔矣夫！"（《论语·雍也》）

　　博学于文亦即让个体心灵朝向人类历史文明积累下来的礼乐文教典章而敞开，以此充分拓展人的生命内涵，提升人的精神高度，也就是前文所述让个体生命充分浸润于人类整体文明之中，以人文温润人心，以人文校准人本来的质性，亦即化育人自然天性中刚愎生猛之气与偏狭私欲之质，从而让个体超越一己之生命存在而走向人类命运共同体。然而只注重博学于文又容易将人性发挥至恃才凌物、桀骜不逊的傲慢状态，抑或寻章摘句、循规蹈矩的机械保守状态。因此还需要一个由博反约的引导与约束。约之以礼，则是提示个体在生活中不断地躬行实践礼乐文教的精神，在修身、齐家、为学、从政等一切事务中将人类文明的精神显现于个体的日常行为举止之中，亦即在文的发扬与礼的规约中逐渐显现为君子的人格气象。

孔门高足颜回对博文约礼这一"孔门教法之最大纲领"① 体会尤为深切，发出极高的喟叹。

> 颜渊喟然叹曰："仰之弥高，钻之弥坚；瞻之在前，忽焉在后。夫子循循然善诱人，博我以文，约我以礼，欲罢不能。既竭吾才，如有所立卓尔。虽欲从之。末由也已。"（《论语·子罕》）

颜回之所以最得孔子赞赏，后世列为孔门七十二贤之首，尊以"复圣"之名，正是深悟孔子博文约礼之道。孔子之道虽极为高深，但仍然不过是提示人们在日常生活行事之中显现人类文明的精神，于平实切近之处来发扬人性，让人性不背离于人道（弗畔矣）。

三、志道据德依仁游艺：从容悠游于天地人道

"学"是《论语》开篇的第一个字，这不是一种偶然无意的呈现，而是一种孔门弟子煞费苦心的编排。"学"在孔子思想体系中是一个尤为关键的中心，"好学"在孔子所有禀赋中具有基础性意义，也是孔子自认为与别人的不同之处。孔子也从来不把"好学"的美德轻易许人，在其所有弟子中唯独许给了最为赞赏的弟子颜渊。

> 哀公问："弟子孰为好学？"孔子对曰："有颜回者好学，不迁怒，不贰过。不幸短命死矣！今也则亡，未闻好学者也。"（《论语·雍也》）
> 季康子问："弟子孰为好学？"孔子对曰："有颜回者好学，不幸短命死矣！今也则亡。"（《论语·先进》）

在孔子看来，"学"，是上下之间成己成德的基础，也就是个体成人的基础。

---

① 钱穆. 论语新解［M］. 北京：九州出版社，2011：216.

子曰："志于道，据于德，依于仁，游于艺。"（《论语·述而》）

如果说在"十有五而志于学"的人生总结中孔子并未交代其所学的内容，而是更着意于揭示"学"这一活动本身对个体发展的意义所在，那么在《论语·述而》中孔子则把"学"的方式与姿态交代得细致又清晰。孔子十五少年时由"志于学"开启的个体发展之路，在志道、据德、依仁、游艺的生活脉络中渐次铺展开来。这里的志、据、依、游所展现的是一个"学"的具体生动而又丰富的过程与空间。

"志者，心之所之也。""志于道"意味着个体心灵朝向人生发展之路而不断延伸。这自我延伸（提升）之路有两条，一条是横向的，由己而人之路，就是以个体生命整全性的获致而扩充至他人与人类社会整体，即孔子所言"己欲立而立人，己欲达而达人"；一条是纵向的，由个体内在性命的修炼而丰盈，然后向更高的神圣境地升华，也就是下学人事而上达天命。因此，志于道亦即心志所开启的个体人生发展之道。

"德者，得也。"据于德，意味着个体行走在人生发展之路上，学而时习之，故路不空行，行必有思，思必有得。有得（德）于心，据以坚守，守之不失而日有精进，亦即孔子所言"笃信好学，守死善道"。

"仁"字的偏旁结构是左边一个"人"，右边一个"二"，二人为仁，孔子借助"仁"所表达的是一种人与人之间的关系。孟子说"仁者，爱人"，只有当人自觉于仁的时候才成其为人。换言之，唯有当人与人建立仁爱的联结时，人的本质才得以显现。"仁"又有植物的内核之意，保存着生命的原初之力，就像种子，植物的生命在种子中孕育生长。孔子谈"仁"，旨在让个体从自身本有的那种对人之亲爱的禀赋中成长起来，由对父母之爱扩充至对弟兄等近亲属之爱，再扩展至对他人，对人类的普遍之爱。这样一条基于爱人的成长之路就是仁道与人道。在这个意义上，"依于仁"，也就是提示个体所行之道始终不偏离人道。

关于"游于艺"，我们可以多花些笔墨来谈，因为"艺"对孔子的人生发展具有关键性作用。从 18 世纪开始，西方学者最初在审美领域开始关注"游戏"这一概念。席勒在其著名的《审美教育书简》中指出"只有当人是完整意义上的人时，他才游戏；而只有当人在游戏时，他才是完整的人……

我可以向您担保，这个原理将支撑起审美艺术和更为艰难的生活艺术的整个大厦"①。这意味着只有当个体超越现实的生存紧迫感，全神贯注地投入无目的审美活动（游戏）中，他才能在更高层面上显现为一个自由独立的人。也就是在游戏中，主体与客体二分对立的状态被游戏活动融合，物我达至统一，主客还原至未分的原初状态。20 世纪德国诠释学大师伽达默尔在其《真理与方法》中将"游戏"作为艺术作品本体论阐释的主线。② 在他的游戏概念中，他颠覆了我们对游戏的认识，认为游戏的主体并不是游戏者，而是游戏本身；游戏者反倒是被游戏的对象，成了表现游戏的载体。在这种视野下，游戏观念被纳入存在论的语境中得以重新审理。华中师范大学吴航的博士学位论文《游戏与教育——兼论教育的游戏性》（2001）对伽达默尔的游戏概念进行了整理：（1）游戏活动本身具有主体性。游戏相对于游戏者的主观意向具有一种优先性。（2）游戏就是游戏活动者的自我表现。在游戏中个体获得了某种完整表现自身的机会，其自身得以不断向世界敞开。（3）游戏依赖于观赏者。由上述三点游戏概念的特征，进而可以得出结论：将"游戏"视为艺术作品的存在方式，就意味着在游戏中体验艺术生活，在游戏中构建每个人的艺术世界。游戏与人的艺术生活内在地结合在一起，游戏就是他的艺术生活本身。

　　通过以上对游戏概念的分析，我们进一步理解了孔子之"游于艺"的哲理意蕴。孔子对个体成人的阐发总是蕴涵着乐感与乐趣（兴于诗、立于礼、成于乐）。"乐"在孔子的全部教化思想与教育实践中一以贯之。"乐感"的精神内涵可以在"游于艺"的体验中得以把握。在孔子观念里，诗教与礼教对个体人格的塑造必须在"乐"中达至平衡，倘若没有内心的快乐与喜悦，或者说缺失了一种闲适、从容、宽裕的心性品质，那个体人格就仍然未成君子人格。君子需涵养一种宽广坦荡的胸怀与气度，即所谓"君子坦荡荡"（《论语·述而》）。在孔子看来，这种坦荡的人格气象很大程度上要依靠超越精神、艺术审美情趣来引领，在各类艺术与技艺的日常

---

① 席勒. 审美教育书简［M］. 张玉能，译. 南京：译林出版社，2012：48.
② 汉斯－格奥尔格·伽达默尔. 诠释学 I：真理与方法［M］. 洪汉鼎，译. 北京：商务印书馆，2010：149－150.

实践中逐渐涵养起来。因此，孔子在听闻子路、曾皙、冉有、公西华之志后，独赞许曾皙："吾与点也。"（《论语·先进》）这里所体现的是一种理性现实情怀与审美超越情怀相互融洽的主客未分、物我两忘的理想状态，也就是在"游于艺"的自我展现中，个体身心向世界完整地敞开。朱熹对此阐释为"游者，玩物适情之谓。艺，则礼乐之文射御书数之法，皆至理所寓而日用之不可阙者也。朝夕游焉以博其义理之趣，则应物有余，而心亦无所放矣"①。玩物适情是对现实生活中的紧张感与人生紧迫感的释然。通过日用而不可阙，日用而不可知地投身于各类艺术（技艺），在其中悠游涵泳，现实人生的紧迫感，严峻的历史理性与责任担当，对天命与人道的敬畏等严肃事务和神圣的情感被日常艺术、审美、游戏精神牵扯、调适、甄定、校准，于是才有个体人格在现实性与超越性的平衡中显现为君子。

小　结

本章从文献出发探寻了孔子自少年时代"志于学"，经青年时代"而立"直至中年时代"不惑"这一阶段的个体发展历程，讨论了不同年龄阶段孔子通过日常学习生活所呈现的人格状态及其所展开的基本路径。

少年时代，孔子心志初开，诗歌唤起心灵朝向周遭世界美善事物，通过广泛学习日常生活技能，以基于身体感受的方式与世界打交道，不断扩充自我生命内涵。"每事问"是孔子保持心灵对周遭世界敏感与好奇的基本姿态，成为其全心向学的内在牵引。

青年时代，自我意识不断提升，个体之于天地人事中的位序在孔子的自我意识中逐渐生长起来，个体存在的意义问题唤起孔子学习历史，领悟历史，将历史的意义带入当下的责任意识，孔子认识到在与人交往的过程中，个体一步步从自然生物性存在走向属人的社会性存在，个体生命朝向整全性发展的自觉愈见清晰，个体也将立志对历史与人类整体文明有所担当。该阶段，孔子既展现出个体生命的独立性，又体现出自我向他人，向

①　朱熹. 四书章句集注 [M]. 北京：中华书局，1983：94.

世界而敞开的生命姿态。

中年时代，孔子对自我与世界的关联性把握得更为透彻，更加坚定地行走在自己所信奉的真理大道上，通过践行仁道不断巩固人生信念，确证人生意义，完善理想人格，进而影响身边弟子与他人。在志道，据德，依仁，游艺的生活方式中，情感与理性日趋融洽，促成孔子君子人格基本成熟。

孔子所谓"下学上达"，意思是下学人事，上达天命。"上"与"下"的沟通是共时性与历时性共同发生而内在统一的结果，这既意味着人总是从生活周遭切近的事物发端，渐次领悟更高事物，开启更为丰富宽广的人生，同时也意味着个体发展具有过程性与阶段性。个体总是随着年岁的增长，生活阅历的不断充盈与丰富而一步步深入领悟世界万物与宇宙人生。

第三章
学达性天：学觉统一与意义世界的提升

大学之道，在明明德，在亲民，在止于至善。

——《大学》

上章借助现代西方哲学语境中"生活世界"的概念，探讨了孔子少年直至中年阶段通过日常生活的历练与学习所呈现的人格状态及其所展开的基本路径。本章同样借助另一西方哲学概念"意义世界"来讨论孔子由中年直至晚年通过进一步学习获得自我人格的发展与完善之过程。

刘小枫教授在其名著《拯救与逍遥》的绪论中谈及一个沉重的话题：诗人的自杀。"诗人自杀是 20 世纪最令人震惊的内在事件"①，为什么传统社会中诗人很少自杀，而到了现代，真正的诗人却频频自杀？传统社会给人提供了一个较为完备的意义世界，人活在世界之中有较为清晰明确的生存意义感，可以杀身成仁，舍生取义，可以为一个比个体生命更高的价值目标赴死，却不会为生存意义本身的虚无感而自杀。但现代文明尤其是商业化的生活方式把原有意义世界的秩序捣乱，把原有的价值内涵掏空，世界变得空洞虚无或者荒诞不经。诗人（哲人、文人）颇为敏感，在此境域中看不到人类生存意义的出路。他们并不是承受不起任何外在的困厄与突然降临的灾难，而是承受不起这现代性所造成的生命之轻与意义的虚无。换言之，他们难以忍受在一个缺乏意义的虚空荒诞的世界度过此生，所以选择自杀。诗人的自杀是一种理性的绝望，也是现代性带来的意义世界虚

① 刘小枫. 拯救与逍遥［M］. 上海：华东师范大学出版社，2011：42.

无与荒诞的一个可怕的后果。马克思·韦伯说："人是悬挂在自己编织的意义之网上的动物。"当这张意义之网支离破碎的时候，人又如何悬挂呢？

意义世界究竟是什么？海德格尔认为作为存在者的人区别于其他存在者的根本之处在于人总是要对"存在意义"发问。"关于存在意义的问题，是一切问题的总问题。"人总是通过对意义的追问显现为人，人对存在意义的追问也就成了人的基本存在方式。意义使存在者得以被理解，也使对意义发问者自身得以被理解。意义从"生活世界"而来，但"生活世界"与"意义世界"并不是两个世界，而是一个作为整体的世界。"生活世界"是意义的源发初生之域，意义是生活世界向人所敞开的价值内涵。意义的生成与领悟同时意味着人的自我领悟与提升。如果说个体在人格尚未成熟阶段更多的是以身体感受的方式来认识世界，那么随着人生阅历的丰富，个体人格趋向成熟后更多是通过对存在意义的思考与追问来扩展对世界与自我的认识。对意义的追问塑造着个体的理想，换言之，在对意义的追问中人按照理想的方式改造世界与提升自我，活出理想的样式来。

对意义的追问，让个体从生活世界出发一步步认识世界的本来面目，把握人类的生存处境，以自我生命实践追问世界的可能性，从而证悟自我的生命价值。从孔子的人生发展阶段来看，他在中年直至晚年向世界所显现的人格意蕴可以概括为敬命、知命、顺命与安命。可是命究竟是什么？贝多芬说"我要扼住命运的咽喉"，强烈地体现了其喷涌而出的生命力，而孔子只是淡淡地说"五十而知天命"。"知天命"与"扼住命运的咽喉"是不是都表达了人对自我使命的承担以及对自我命运的支配与把握呢？

《说文解字》曰："命，使也。"所谓"命"①，意味着当个体对存在意义发问时，其在脑海中当场显现的一道神圣律令。在敬畏并遵循这一道神圣律令时，命使得人生意义当场获致。敬命则是对神圣事物保持距离的一种仰慕（敬鬼神而远之），只有对神圣事物保持"敬畏"，才能领悟神圣性向人所彰显的存在意义，才能明了自身与一个更高者之间的根本关联，此之谓"知命"。

---

① 天、命（或天命连用）的概念在中国人的宇宙观、人生观里的涵义并不是凝固不变的，根据不同的语境，有时指"自然之天"，有时指"义理之天"，有时指"主宰之天"。"命"有生命的客观存在之义，如"大凡生于天地之间者，皆曰命"（《礼记·祭法》），也有使命、宿命之义。本书在探讨不同问题时，将于不同语境中作具体交代。

第一节　神圣使命的唤起与生命意义的觉悟

在中国思想史语境中，天命是个不断演进流变着但一直很难说清楚的概念。他不是西方的上帝，不是对象化的人格神，也不完全是本体论意义上的世界的本原、规律、自然法则等。天具有一种难以名状的超越性与神圣性，很多时候表示一种主宰，宣告一种必然性。天命不可简单直接被感知与体验，但又以阴阳相生、日月相推、四时运行的方式（天象）给人以启示。先人确信，无论是个体心灵之安顿，还是人类整体社会生活制度的安排，唯有通过观察天象，在人世间效法天所运行的法则，才能获得合理性与合法性的依据，否则，只会让整个人类社会生活陷入无序之中。因此尧帝（孔子心目中的第一位圣王）执掌政权的头等大事便是观天象、授人时：

乃命羲和，钦若昊天，历象日月星辰，敬授人时。（《尚书·尧典》）

依循这种天命观，当尧帝禅让帝位于舜时，首要嘱托同样也是告诫其遵循天之历数。

尧曰："咨！尔舜！天之历数在尔躬，允执其中，四海困穷，天禄永终。"（《论语·尧曰》）

从远古的尧舜时期直至夏商周三代，中国人的天命观一直依凭着其神秘性而在个体心灵里保有必然性与决定论的成分。个体的生存发展及其价值受天命的支配。但是到了孔子这里，他把这种悠远传统的天命观给颠覆了。在孔子的观念里，天命便成了"上天"——那更高者——所差遣给人的神圣使命。个体凭借其自由意志担负起天所赋予的神圣使命才能获致人生的意义。天命、天道成了个体生命意义之源。孔子的天命观意味着唯有在心中获得对天命的证悟，并以自我生命的投入来担负起这神圣的差遣，才活得有意义，才值得一活。

一、人能弘道：个体生命对意义世界的建构

在《尚书·吕刑》里记载着远古时期一次被称为"绝地天通"的重大事件。之所以说兹事体大，因为这次事件让天地人神相阻隔，其实质意味着人类社会意义与价值的重新整合。

> 王曰："若古有训，蚩尤惟始作乱，延及于平民，罔不寇贼，鸱义，奸宄，夺攘，矫虔。苗民弗用灵，制以刑，惟作五虐之刑曰法。杀戮无辜，爰始淫为劓、刵、椓、黥。越兹丽刑并制，罔差有辞。民兴胥渐，泯泯棼棼，罔中于信，以覆诅盟。虐威庶戮，方告无辜于上。上帝监民，罔有馨香德，刑发闻惟腥。皇帝哀矜庶戮之不辜，报虐以威，遏绝苗民，无世在下。乃命重、黎，绝地天通，罔有降格……"

"绝地天通"被理解为上古时期的神话，以现代人的历史观来说并不是真实的历史事件，但是他提供了人类观念中的意义之真。① 从"绝地天通"事件我们可以寻绎上古时期神人关系的几个不同阶段，亦即中国先民的理性化进程。起初天地相通，神人之间可以自由交通，神直接赋予人意义，人按照神所指引的方式生活。后来，神与人之间沟通需由巫觋这一中介来完成，因此意义世界的通道由巫觋把持。再后来，由于人违背神的训令，在人类社会中败坏原有的秩序，于是神阻断天地的通道，神不再直接赋予人类生存意义与价值，人类社会的意义与价值体系有待人类自身重建。夏、商、周三代相因，中国先民的理智不断上升的过程也是人们把原始鬼神逐渐驱赶出观念世界的过程。"绝地天通"之后，中国人不再依赖一个外在的

---

① 洪涛. 逻各斯与空间：古代希腊政治哲学研究 [M]. 上海：上海人民出版社，1998：29. 意大利的维柯提出了与笛卡尔的那种自然科学式的方法截然不同的原则，即所谓的"新科学"的原则。从这个原则出发，在他看来，神话就是史前人类和早期人类世界的"真实"历史。这里的"真实"，并非指神话中的神和人，以及那些事确实发生过，而是指在早期人类心目中被认为是真实的，这种看法影响了他们的现实生活。因此，这种"真实"是社会的真实和历史的真实，而不是自然科学的和感觉的真实。神话之所以是真实的历史，乃是因为神话是早期人类对于自己起源的体认。在众多神话中，蕴含着"原型"结构，这种"原型"是诗性时代人类的"概念"。

至上神赋予人现成的意义。缺乏意义则意味着人的生活坠入虚无与空洞，人未免陷入绝望之中。向死而生的生命个体如何重整意义世界？尧、舜、禹、汤、文、武以及周公制礼作乐，便是在此现实世界重整人类社会的生活秩序，向个体生命启明存在的意义，建构起一个让生存得以可能的意义世界。孔子继承周公所开创的礼乐传统并赋予其新的内涵。孔子之所以被尊为"万世师表"，最根本的原因在于他不断追求意义与价值，于滔滔乱世中重振社会秩序，为人类现实生活重启意义与法则。

子曰："人能弘道，非道弘人。"（《论语·卫灵公》）

孔子这句简明的话语蕴含着儒家深刻的精神内涵，也成为鼓舞后世中国知识阶层担负人道使命，救世济时，匡扶正义的精神激励。在这种激励的感召下，一代又一代"志士仁人"以其生命实践描绘出中国人独特的生存图景，建构起属己的意义世界，填补生存境域中的虚无。

"人能弘道"，此处的"道"仍然可以理解为"路"——人类生活的根本出路，也就是虚无世界或者说混沌世界通达整全意义世界的道路。孔子提示人类生活并没有一条现成的或是已然完成的道路，人类生活的出路要靠人亲自地行走出来。在孔子看来这条道路就是以"仁爱"精神为内核的"人道"（仁道）。行走在"人道"上，才能凸显人的精神，才能在空洞无序的世界中，主动积极地赋予世界意义与秩序，这样才能发扬人性，彰显自由意志，成就君子人格。一切偏离了"人道"或者说尚未行走在"人道"上的人，则尚未显现为真正意义上的人。

子曰："志士仁人，无求生以害仁，有杀身以成仁。"（《论语·卫灵公》）

行走在"人道"（仁道）之中，人的生命才凸显属人的价值，或者说个体生命的存在价值就在于保全仁德而行走在"人道"（仁道）之中。因此，有志于行走在仁道之中的仁人（真人），就当以生命来坚守。否则，个体生命就失去了意义与价值的依凭。

子曰："道不同，不相为谋。"（《论语·卫灵公》）

子曰："可与共学，未可与适道；可与适道，未可与立。"（《论语·子罕》）

子曰："性相近也，习相远也。"（《论语·阳货》）

在孔子看来"人道"（仁道）不仅是个体生命的价值依据，也是人与人之间交往联结的依据。倘若对人生价值的追求不同，所走的道路不同，就没有什么好商量的了。人性本乎天性，人之初生于世，性情气质大体相近，习惯则让人逐渐相远。这可理解为道路本是人走出来的，而所走之路同时也形塑着个体人格。经由不同道路前行的人，价值目标，人生的发展方向不同，难以获得共识。唯有共同行走于仁道上的人，才可以共同谋划人类社会的终极理想，才称为"同道中人"。孔子之所以说"非道弘人"主要还是从激发人的主体性，诫勉人克服惰怠的角度而言。人在实践活动中发挥积极进取精神，凸显人的主体性，改造世界，完善自我，才能将"人道"（仁道）贯注于人类社会生活，赋予世俗社会以符合人类本性的秩序与法则，不断夯实人类生存境域之虚无。孔子有时也从反面劝诫。

子曰："士而怀居，不足以为士矣。"（《论语·宪问》）

那些在现实生活中不思进取，将自我生命局限在一己生活境域中，贪恋一隅之安的人不配称为"士"。

子曰："克己复礼为仁。一日克己复礼，天下归仁焉。为仁由己，而由人乎哉？"（《论语·颜渊》）

子曰："仁远乎哉？我欲仁，斯仁至矣。"（《论语·述而》）

在这里，孔子反复强调的正是人的主体精神。尽管天下归仁的理想之道漫漫修远，但道不远人，道路就在脚下。每一个个体都能在日常生活的细微处践履仁道，彰显仁道，弘扬仁道。天下归仁的终极理想必须由每一个个体自觉担负起仁道的使命才能实现，个体生命的意义不由外在的他者来赋予，而必须由个体自身来追寻。

二、文不在兹乎：个体之于人类整体命运的担当

孔子自言"五十而知天命"，然而孔子却又很少在弟子面前深入谈论天命的具体内涵。子贡曾叹息："夫子之文章，可得而闻也；夫子之言性与天道，不可得而闻也。"（《论语·公冶长》）孔子"知命"乃知天命极高深，不好说清楚，唯有引导个体自行觉悟于自身与那更高者之间的关联，或者说觉悟个体生命的有限与世界宇宙的无限性之间的关联，才能了悟天命的涵义。前文讨论了"知天命"意味着孔子对上天所差遣给自己的神圣使命的证悟，觉醒于自身与那更高者之间的根本关联，并以自身的生命投入来担负起这神圣的差遣。唯有如此，自我生命才获致意义。在孔子的人生经历中，至少有两起关键性的事件，让其从内心中对"天命"有深切的证悟，值得予以必要的关注。

事件一：西元前497年（鲁定公十三年），孔子年55岁，"堕三都"计划未能成功，孔子率众弟子离开鲁国到卫国。由于卫灵公听谗言不信任孔子，指派公室子弟公孙余假监视孔子一行在卫国的言行。西元前496年（鲁定公十四年），孔子56岁，在卫国居十月后离开卫国，经过卫晋边界的"匡"，被匡人围困拘留。当时情势危机，与弟子颜渊失散后复聚，孔子喟然叹息，曰："文王既没，文不在兹乎？天之将丧斯文也，后死者不得与于斯文也；天之未丧斯文也，匡人其如予何？"（《论语·子罕》）

事件二：西元前496年（鲁定公十四年），孔子年56岁，重返卫国，并出仕卫。在卫出仕不足三年，卫灵公死后，卫国发生了激烈的政治斗争，于是西元前492年（鲁哀公三年），孔子年60岁，孔子离开卫国经过曹国而来到宋国。在宋国的境内，孔子与弟子习礼于大树下，宋国司马桓魋恶孔子，带兵围困，拔其树而欲杀孔子。孔门弟子奉劝孔子尽速离去，孔子叹曰："天生德于予，桓魋其如予何？"（《论语·述而》）

从事件一我们可以看到孔子视"文王"为天命承担者，并且认为自己是文王的继承者，担负天命的差遣，复兴周礼。从事件二可知，孔子认为天命的承担者可不受现实权贵势力的摆布。从这两起事件我们可以看到，

孔子笃信自己所行之道乃上天之差遣，具有充分的正义性与合理性，此生的价值就在于担负起这天命的差遣。天命所系不唯个体生命之意义，乃关乎人类整体之命运，亦即人类根本的生存处境。

孔子生活之时代，周室衰微，王纲失坠，礼乐崩坏，霸凌交替，在这种失序的现实生活中，人们看不到希望。唯有兴起一位像文王那样的"圣王"来恢复现实社会的生活秩序，人们才能得以安身立命。文王，无疑是孔子证悟天命的往圣先王。孔子所思考的还有一个问题，文王为何能承担天命呢？如果不了解文王所承天命的缘由，则难以透彻理解"天生德于予"的深刻内涵。

"文王在上，于昭于天。周虽旧邦，其命维新。有周不显，帝命不时。文王陟降，在帝左右。"（《诗经·大雅·文王》）周代殷乃是上承天命，革故启新，而文王正是天命的具体承担者。文王上承夏商两代旧统而开启周邦新统，这是旧邦新命的文化意义所在。"有周不显，帝命不时"，如果周邦没有众人的归附，没有显出周德，周邦就没有资格接受上天之"命"。正是由于文王的文德，使得周邦承接新的天命，从而国运开始发生变化。① 由此可见，"德"是上承天命的枢机所在，只有具备"德"的人，才能承受天命的差遣，所以孔子才会有"天生德于予"的自信。

三、君子固穷：孤独与困厄中感通天命

孔子五十知天命不仅仅是知自身所受天命的内涵，还包含知受命之艰难。从孔子晚年的行事中我们可以获悉其颠沛流离、困顿不遇的情状。孔子55岁，去鲁适卫，56岁，去卫过匡。晋佛肸来召，孔子欲往，不果，重返卫。57岁，孔子始见卫灵公，出仕卫，见卫灵公夫人南子。58岁，卫灵公问陈（兵阵军事）于孔子，孔子对曰"俎豆之事，则尝闻之矣，军旅之事，未之学也"，遂辞卫仕。59岁，卫灵公卒，孔子去卫。60岁，孔子由卫适曹又适宋，宋司马桓魋欲杀之，孔子微服去，适陈，遂仕于陈，居陈三年。63岁，吴伐陈，孔子去陈。绝粮于陈蔡之间，孔子遂适蔡，见楚叶

---

① 吴小锋. 古典诗教中的文质说探源［M］. 上海：华东师范大学出版社，2016：11.

公。又自蔡返陈，自陈返卫。64 岁，孔子再仕于卫。68 岁，鲁季康子召孔子，孔子返鲁。自其去鲁适卫，先后凡十四年而重返鲁。①

孔子周游列国的十四年是遭尽世人讥讽，屡遭政治失败，饱受困厄的十四年，也是背井离乡，四处流浪，在精神领域的寂寞孤独中感通天命的十四年。孔子在郑国时，有人评价孔子如同丧家之狗，孔子也安然接受这一评价。

> 孔子适郑，与弟子相失，孔子独立郭东门。郑人或谓子贡曰："东门有人，其颡似尧，其项类皋陶，其肩类子产，然自要以下不及禹三寸，累累若丧家之狗。"子贡以实告孔子。孔子欣然笑曰："形状，末也，而似丧家之狗，然哉！然哉！"（《史记·孔子世家》）

这段故事据李零教授所述，还记载于《白虎通·寿命》《论衡·骨相》《孔子家语·困誓》等多个文本中。② 尧、禹、皋陶是孔子尊崇的先王，子产也是孔子非常敬重的郑国杰出政治家。从郑国人所描述的孔子外形来看，时人或许认为孔子确实有圣王气象，然而生不逢时，为政所累，不得志于时世。孔子自谦"形状"不像往圣先王，而确实如丧家之狗一般。"丧家之狗"这个说法非常扎眼。太史公对孔子给予"高山仰止，景行行止，虽不能至，心向往之"的极深赞叹，然而在为心目中的至圣孔子做传记时为什么不回避"丧家之狗"这个词呢？"丧家之狗"为何又得到孔子本人的接纳呢？狗是有家的，且最忠诚于"家"，失去了家便只能四处流浪，无所依归。孔子一生怀揣着匡世救时的仁道理想，立志拨乱世而反诸正。他以毕生的热情投入这种理想的实践之中，然而总是颠沛流离，四处碰壁，屡遭失败，就像无家可归的流浪狗，正如李零所言"任何怀抱理想，在现实世界找不到精神家园的人，都是丧家狗"③。不仅如此，从孔子之家的现实情况来看，孔子三岁丧父，十多岁丧母（司马迁《史记·孔子世家》及钱穆

---

① 钱穆. 孔子传［M］. 北京：生活·读书·新知三联书店，2012：135－138.
② 李零. 丧家狗：我读《论语》［M］. 太原：山西人民出版社，2007：2.
③ 李零. 丧家狗：我读《论语》［M］. 太原：山西人民出版社，2007：2.

《孔子传》认为孔子母卒于孔子十七岁之前），少失怙恃，最缺乏家的温情，而孔子所建构的仁道理想，恰恰意欲将个体基于"家"所滋养的以亲子血缘之情感充分激活，推而广之，由亲子到兄弟到朋友再到君王，由"亲亲"而"尊尊"，由"家"到"国"。孔子苦心孤诣，反复而深入阐发的仁道、孝道最根本的内在情感依据：家，却恰恰是自己生命之中已然失去了的。深入此情状之中，或许更能体会太史公不得不用"丧家之狗"这个说法之苦心孤诣处——对孔子表一番极深的"了解之同情"。

孔子虽四处碰壁，却锲而不舍，百折不挠，知其不可而为之。之所以在这种逆境中，孔子始终坚守弘扬人道的理想，是因为他深知这是天命的差遣，人生的意义就在于勇敢地担负起这神圣的使命。孔子的观念里没有一位至高无上的人格神，他知道并没有一种超自然的神力在冥冥中为他所肩负的使命做担保，一切不可预料的困厄或障碍都可能突然降临。当面临困厄的时候没有任何外在力量可以依赖，只能靠自身来坚守。

> 在陈绝粮，从者病，莫能兴。子路愠见曰："君子亦有穷乎？"子曰："君子固穷，小人穷斯滥矣。"（《论语·卫灵公》）
>
> 子曰："莫我知也夫！"子贡曰："何为其莫知子也？"子曰："不怨天，不尤人，下学而上达。知我者其天乎！"（《论语·宪问》）

子路一生追随孔子之道，也是孔子深爱的弟子，然而终未能抵达孔子"知天命"的境界，面临困厄时，他带"愠色"地问君子怎么会有"穷"的时候呢。在子路看来，君子因担负着神圣使命，必然能在困厄中得到神圣之力的辅佐而不至于"穷"。当荒谬的现实让他真正处于"穷"的境况之中时，便流露出"愠"色了。孔子于困厄与孤独中感通天命，我们也可由此感触孔子晚年怀有深深的孤独感与寂寞感，感叹此生不被世人理解，唯有上天可以垂鉴此志。

第二节　心怀柔顺地接纳现实世界之不完满性

诺贝尔文学奖获得者法国人罗曼·罗兰在其《米开朗琪罗传》有言："真正的英雄主义只有一种，就是看清这个世界的本来面目后依然热爱她。"每一个个体在任何时代所遭遇的世界都是不完满的，不完满性是这个世界所固有的本来面貌，也是每个人所必须承受的宿命。但是人却总是期待未来世界是完美的。个体生命发展初始阶段看待世界的眼光是天真烂漫的，对世界充满着美好的想象。随着生活世界的逐步延伸、扩展，慢慢地发现世界变得越来越不像以前所期待的样子，变得越来越复杂，人与人的交往也不再像从前那么简单，有时甚至有些暗淡无光。在这个过程中，有的人开始变得越来越"老练"与"世故"。所谓老练、世故，也就是失去其本真的热爱之情，而以机巧来应对世界的复杂性。换言之，很多人面对世界的不完美不再一如既往地怀抱着热爱而生活。而真正的"英雄"，就是心怀柔顺地接纳这不完满性的同时仍然对这个世界深爱如初。罗曼·罗兰所言的英雄主义者，也就是立身于不完满的世界之中，尽力活出理想的姿态。孔子六十而耳顺，在六十上下这一生命阶段，孔子遭受人生中最大的挫折，四处碰壁，屡遭困厄。然而尽管如此，孔子依然在乱世中抱持理想与希望。"耳顺"固然有顺从之意，但其背后更深一层的意蕴是由对世界的热爱出发，把全部的热情投入理想世界的改造中来，以自我的不断完善来一点点填补世界的不完满，由此唤起更多人以自我生命的提升来提升整个世界的人道精神。

一、用行舍藏：从敬命知命到安命顺命

孔子从五十知命到六十耳顺，这一过程从敬命、知命再到安命、顺命。从敬命到知命亦即从敬畏到体认。敬畏天命意味着个体心灵朝向具有神圣性的更高事物升华。天命超越于人的日常生活经验，又以一种不直接遵循因果律的方式来演绎其必然性。上不怨天，下不尤人。"故君子居易以俟命，小人行险以徼幸。"（《中庸》）这种在天命面前抱有侥幸心的人被孔子

称为小人，对待天命的态度也成了孔子区分小人与君子的一条重要标准：

> 孔子曰："君子有三畏——畏天命，畏大人，畏圣人之言。小人不
> 知天命而不畏也，狎大人，侮圣人之言。"（《论语·季氏》）

前文论及所谓"命"，也就是当个体对存在意义发问时，其在脑海中显现的一道神圣律令，在敬畏并遵循这道神圣律令时，命使得人生意义得以彰显，亦即由敬畏天命而开启的对天命的认知过程。从知命到安命、顺命，在下学上达，感通天命的进路中，孔子用了一个颇耐人寻味的表述："耳顺"。首先来看古人如何理解"顺"字的意义。

许慎《说文解字》曰："顺，理也，从页川。"段玉裁《说文解字注》曰："理者，治玉也。玉得其治之方谓之理，凡物得其治之方皆谓之理。理之，而后天理见焉。条理形焉。非谓空中有理，非谓性即理也。顺者，理也。顺之所以理之。未有不顺民情而能理者。凡训诂家曰从，顺也；曰愻，顺也；曰驯，顺也——此六书之转注。曰训，顺也；此六书之假借……从页川。人自顶以至于踵，顺之至也；川之流，顺之至也。故字从页川会意，而取川声。"

可见古人用治玉石之道，与调理身体之道来会意"顺"的意义。治玉石之道亦即通过"切磋琢磨"的方式使玉石符合其本来之纹理，从而焕发出玉石内在的自然之美；调理身体也是让人的身体从头至脚各个部位和内在血脉都符合身体的内在机能，从而提振人的精气神。这两个意思的会通便是"顺"的意义。

关于"耳顺"，最初郑玄解为："耳顺，闻其言而知其微旨"，其后历代注疏家多从"耳"与"心"的关联来解读。皇侃引王弼云："耳顺，言心识在闻前也。"又引李充云："耳顺者，听先王之法言，则知先王之德行。从帝之则，莫逆于心，心与耳相从，故曰耳顺也。"又引孙绰云："耳顺者，废听之理也。朗然自玄悟，不复役而后得，所谓'不识不知，顺帝之则'也。"朱熹《论语集注》曰："声入心通，无所违逆，知之之至，不思而得也。"[1] 从

---

[1] 程树德. 论语集释：上［M］. 北京：中华书局，2013：87－88.

"耳"与"心"的关联来解读"耳顺"可能与下一句"七十从心所欲"有关。郑玄曰："从，顺也。六十而耳顺，七十而从心。""从"与"顺"同义，耳顺即耳从也，从心即顺心也。从顺耳到顺心，是人生境界向更高层面的提升。连接由耳到心之顺道亦即孔子下学上达，上下贯通的顺道。"在身体中自顶至踵贯川上下便是顺之道。开启这个上下顺道的开口便是耳。耳因而成为下学上达的门户。下学要耳顺以听之，上达亦须耳顺以谛天命之微旨。耳顺之道，下学而上达之道也。'上下'在这里不仅指空间意义上的天地上下，而且包含时间意义上的上下古今。下学而上达既是下听而上谛，也是博古以通今。究天人之际，通古今之变，耳顺之道也。"①

　　　子谓颜渊曰："用之则行，舍之则藏，惟我与尔有是夫！"子路曰："子行三军，则谁与？"子曰："暴虎冯河，死而无悔者，吾不与也。必也临事而惧，好谋而成者也。"（《论语·述而》）

　　孔子五十一岁出仕鲁国，从中都宰到司空再到大司寇，从相鲁定公会齐于夹谷到堕三都功败垂成，至五十五岁去鲁周游列国，再到六十八岁重新返回鲁国，这个年龄阶段是孔子出仕、周游的阶段，也是孔子自道"用行舍藏"的阶段，在"用"与"舍"，"行"与"藏"的相互牵扯中经历各种挫折，遭遇各样的人生历练，从而对天命之差遣一步步体认，唯有将人生经历置于这样一种错位的反复牵扯中才能对天命从敬到知再到顺。

二、不怨天尤人：对天命与人性的彻悟

　　在岳麓书院讲堂中央的梁上悬有一幅醒目的匾额，上题"学达性天"四个鎏金大字。这是"康熙二十五年（1686年）御题之匾额，分别颁给宋儒周濂溪、张横渠、邵康节、二程、朱子之祠堂及白鹿洞书院与岳麓书院"②。康熙皇帝颁赐匾额，无疑是表彰宋明两代经师大儒所弘扬的儒学精

---

① 柯小刚. 道学导论：外篇［M］. 上海：华东师范大学出版社，2010：51.
② 张晚林，姜燕. "学达性天"解——教育目的之存在论诠释［J］. 重庆高教研究，2013，1
（2）：86.

神和书院所倡导的教育理念。追溯这四个字的来源，可以从孔子的话语中找到清晰的痕迹。

> 子曰："莫我知也夫！"子贡曰："何为其莫知子也？"子曰："不怨天，不尤人，下学而上达。知我者，其天乎！"（《论语·宪问》）

匾额中"学达"两字显然是指孔子所言"下学上达"。"性"是指人性，即人的本质（性质），"天"是天命。（此处"天命"有别于上文所讨论孔子"五十而知天命"之"天命"。知命之天命更偏向于"使命"的意思。）在此天命与人性究竟是指什么，两者又是什么关系呢？

《中庸》首句："天命之谓性，率性之谓道，修道之谓教。"还有"郭店楚墓竹简"中记录的"性自命出"章："凡人虽有性，心无定志，待物而后作，待悦而后行，待习而后奠。喜怒哀悲之气，性也。及其见于外，则物取之也。性自命出，命自天降。道始于情，情生于性。始者近情，终者近义。知情者能出之，知义者能内。"①

从《中庸》与"郭店楚墓竹简"上记录的文本中我们可以辨析"性"与"命"的关系。"命"是先天的客观存在，"性"是人后天通过"率性""修道"（《中庸》所言）以及"后作""后行""后奠"（"郭店楚墓竹简"所言）所养成的性情气质，也就是人当下所显现的自身的本质。借助存在主义哲学的那句名言"存在先于本质"来理解，"命"是指人的存在，"性"是指人的本质，人的存在建构着人的本质，由此可知对人的存在与本质之关系的彻悟是孔子"下学上达"所表现的完整内涵。"所以，存在与本质的统一，用中国古代的话语讲，就是'性'与'命'的统一。'性'与'命'的统一，即'性命合一'，就是'性'与'天'的统一，也是'人'与'天'的统一。"② 知天，方能不怨天；知人，方能不尤人。唯有对天命与人性有一番彻悟，方能明达于天人之际，贯通于上下之间，于人事天命之间依靠自我的主体性，不断提升自我，改造世界，从而活出理想的人生

① 陈怡. "学达性天"解读［J］. 大学教育科学，2008（3）：78.
② 陈怡. "学达性天"解读［J］. 大学教育科学，2008（3）：79.

境界来。

着眼于孔子一生行迹，他从自身的人生经历中一步步体认天命及其赋予个体生命的意义。天命使人生意义得以收获，人生意义实际上也就是人生道路的路标，人总是行走在意义路标指示下的人生道路上。没有意义的道路是穷途末路，而充满意义感的道路即便再艰难也值得走下去。孔子的人生道路是异常艰难曲折的，他尽管在现实世界中屡遭困厄，理想抱负无法施展，但仍然以极大的热情依靠自己的不懈努力来追求自己的理想。

三、祭如在：为神圣未知世界保有空间

关于孔子的鬼神观念是一个长期以来争论不休的话题。有人认为孔子不相信鬼神，有人认为孔子确信鬼神。当下大多数意见则主张孔子在鬼神观念方面采取存而不论的模糊态度。孔子对鬼神观念的讨论往往集中围绕《论语》中的以下几章来展开。

> 祭如在，祭神如神在。子曰："吾不与祭，如不祭。"（《论语·八佾》）
> 樊迟问知。子曰："务民之义，敬鬼神而远之，可谓知矣。"问仁。曰："仁者先难而后获，可谓仁矣。"（《论语·雍也》）
> 子不语：怪、力、乱、神。（《论语·述而》）
> 季路问事鬼神。子曰："未能事人，焉能事鬼？"曰："敢问死。"曰："未知生，焉知死？"（《论语·先进》）

对于"祭如在，祭神如神在"章，历代经师具有代表性的疏解有：

> 祭之为言，际也与？祭然后能见不见。见不见之见者，然后知天命鬼神。知天命鬼神，然后明祭之意。明祭之意，乃知重祭事……故圣人于鬼神也，畏之而不敢欺也，信之而不独任，事之而不专恃。恃其公，报有德也，幸其不私，与人福也。①

---

① 苏兴．春秋繁露义证［M］．北京：中华书局，1992：441–442.

　　程子曰："祭，祭先祖也。祭神，祭外神也。祭先主于孝，祭神主于敬。"①

　　可见，历代注家并不着重于一般性的探讨鬼神本身是否真实存在，而更多探讨祭祀的意义问题。该章首句是孔门弟子平日见到孔子亲临祭祀时为其仪容举止神态所感染，从而默默记下来的。我们可理解为这是记录孔子亲临祭祀时的一个真实场景。"如"字尤当多加揣摩。倘若祭祀时鬼神真切地在场，或是观察者"确信"鬼神哪怕以某种不被感官直接察觉的方式真实在场，那也不当用"如"字。因此两个"如"字所揭示的是鬼神实际并不"在场"。但是"如"字同时也意味着，孔子要通过亲临祭祀的方式把不在场的神圣事物带入现场，从而"见不见之见者"。神圣事物降临现场意味着意义的显现，是内心对孝与敬等属人情感的证悟，这样一种心理情感的塑造就是鬼神的在场化。孔子自言"吾不与祭，如不祭"，"与"是亲自参与的意思，是身体与心灵整体性地投入祭祀中来，以此来接受天命、鬼神等神圣事物对心灵的塑造。如果不全身心"真实"地投入祭祀仪式之中，而只是"使摄者为之"，那鬼神就"不在场"，也就不会起到塑造心灵的作用，就等于没有祭祀。

　　对于"敬鬼神而远之"章，何晏与朱熹分别疏解如下。

　　王曰："务民之义，务所以化道民之义也。"包曰："敬鬼神而远之，敬鬼神而不渎也。"孔曰："先难后获，先劳苦而后得功，所以为仁也。"

　　程子曰："人多信鬼神，惑也。而不信者，又不能敬。能敬能远，可谓知矣。"又曰："先难，克己也。以所难为先而不计所获，仁也。"

　　可见在历代注家的解读中，也一直沿着孔子将鬼神之事与人事结合起来的道路进行疏解。对人事政治要像对待鬼神一样抱持一番敬畏虔诚的态

_____

① 朱熹. 四书章句集注 [M]. 北京：中华书局，1983：64.

度，亦即在心中赋予世俗事物以神圣性。在孔子看来，人世间的政治事务复杂多变，充满着未知性与不确定性，因此"务民之义"即政治领域的正义性首先不是诉诸一种理智化的制度安排，而是要在执政者内心中树立起对民之现实生活的敬畏感。这种对待人事政治的审慎品质才能称之为政治领域的"智慧"。整部《论语》看不到孔子一般性地谈论鬼神之事（子不语怪力乱神），只有与人事发生意义关联的时候孔子才进行谈论。在"季路问事鬼神"章，朱熹解释道：

> 问事鬼神，盖求所以奉祭祀之意，而死者人之所必有，不可不知，皆切问也。然非诚敬足以事人，则必不能事神，非原始而知所以生，则必不能反终而知所以死。盖幽明始终，初无二理，但学之有序，不可躐等，故夫子告之如此。程子曰："昼夜者，死生之道也。知生之道，则知死之道。尽事人之道，则尽事鬼之道。死生人鬼，一而二，二而一者也。或言夫子不告子路，不知此乃所以深告之也。"①

每一个个体都是向死而生的有限的生命存在。死亡是生存时间性最后的终结，也是任何人都无可回避的且必须独自担负的终极恐惧。但是死亡却不是无意义的。相反，死亡对人生充满着意义。对死亡的认识，实质是对人生意义的体认，关涉此生应当如何度过的重大问题。对待死亡的态度也就是对生活的基本态度。"假如没有死亡，任何东西都失去真正的分量，我们的一切行为永远都是既不现实的……只有死才创造了无可挽回的严肃性和毫不留情的'永不重复！'换句话说，死亡创造了责任，正因为如此也创造了人的尊严。"② 子路问孔子这么一个重大的问题，朱熹名之为"切问"，其实质是把人生意义的追问带入当下。孔子对于鬼神之事不作形而上的推理、论证。孔子为神圣未知世界保有余地，亦即把未知世界的神圣性带入当下的现实生活，提升现实生活中个体精神的高度。

---

① 朱熹．四书章句集注［M］．北京：中华书局，1983：125.
② 石中英．教育哲学［M］．北京：北京师范大学出版社，2007：71.

第三节 走向个体与世界的合一

人活在世界之中意味着人总对自己的活着（存在）有所领悟，同时也有所行动。人通过领悟与行动参与到自我与世界的建构之中。因此，人活着并不是以一种完成了的固有姿态活在一个现存不变的世界之中。人对世界的认识与建构同时也意味着对自我的认识与建构。自我与世界的内涵总是在两者相互牵扯的张力中得以扩充。世界的尚未完成性对应着人的未完成性，世界的延伸与丰富也意味着自我生命内涵的扩充与延伸。

> 自诚明，谓之性。自明诚，谓之教。诚则明矣，明则诚矣。唯天下至诚，为能尽其性；能尽其性，则能尽人之性；能尽人之性，则能尽物之性；能尽物之性，则可以赞天地之化育；可以赞天地之化育，则可以与天地参矣。（《中庸》）

"尽其性"是对自我的认识、改造与完善，"尽人之性"与"尽物之性"是对世界的改造与完善。孔子七十抵达"从心所欲不逾矩"的自由至高境界，也就是抵达尽己之性、尽人之性、尽物之性的个体与世界的合一状态，亦即《中庸》所言"与天地参"的境界。

一、成于乐：个体性与普遍性在审美境域中的融通

人之初生，首先显现出生命的个体性。个体受生物本能冲动与欲望的驱使从社会公共领域中获取其生存发展的物质条件。因此个体欲望与社会公共秩序存在一种天然的紧张关系。而教化的目的之一就是要让个体欲望冲动克制在一个合理的范围之内，不至于僭越和破坏社会公共秩序，从而消解个体性与普遍性之间的紧张关系。从这个意义而言，个体人格的完善也即意味着人要一步步从自然生物性个体走向属人的社会性个体，由个体性不断向普遍性提升。孔子自述其"七十而从心所欲不逾矩"。"从心所欲"

展现的是个体的自由状态，不逾矩之"矩"是外在的社会规范，既显现出一种身心自由的状态，又不逾越社会规范，亦即个体性与普遍性在"成于乐"的审美愉悦体验中达至最终和谐融洽的境界，亦即孔子个体人格的完成。

> 子曰："志于道，据于德，依于仁，游于艺。"（《论语·述而》）
> 子曰："兴于诗，立于礼，成于乐。"（《论语·泰伯》）

讨论至此，我们似乎看到"游于艺"与"成于乐"相互呼应，共同展现了孔子"七十从心所欲不逾矩"的自由人格状态。"游于艺"与"成于乐"究竟意味着什么？本书上一章探讨了音乐作为美善事物的原型对个体心灵塑造的问题，并指出音乐在孔子人生发展中有着极其重要的意义。但"乐"在塑造个体人格进程中的内在机制究竟是怎么发生的？"乐"作为"六艺"之一，其本身是一种"艺"。因此，问题可以转换为一种内涵更广泛的表述，即包括"乐"在内的"艺"究竟是如何塑造个体人格，以达成人性的完善，获得人生自由圆融的理想境界的呢？这一问题乍看起来确实有点让人费解，因为从常识出发，我们知道"道""德""仁""义""礼"等才是孔子一生所追求的核心价值，怎么"艺"与"乐"这些看似较为"低级"一些的生活化的技艺怎么反倒成了最后的归结？人格的最终完成怎么体现在"游于艺"与"成于乐"之中？

李泽厚先生借助"合目的性与合规律性相统一"的自由观讨论了"游于艺"的哲学意义。他认为"游于艺"意味着对生活中各类技艺的熟练掌握，从物质技能的掌握中逐渐领悟自然规律。"所谓'游于艺'的'游'，正是突出了这种掌握中的自由感。这种自由感与艺术创作和其他活动中的创造性感受是直接相关的，因为这种感受就其实质说，即合目的性与合规律性相统一的审美自由感。"① 各类技艺都需要通过反复的操练方能熟练掌握，从而达到炉火纯青的境界。仍然以音乐为例，本书上一章引用了司马

---

① 李泽厚. 华夏美学［M］//美学三书. 合肥：安徽文艺出版社，1999：261.

迁记载孔子向鲁国乐师师襄子学琴的一段故事，为了进一步阐释"游于艺"，我们不妨重温这一段：

> 孔子学鼓琴师襄子，十日不进。师襄子曰："可以益矣。"孔子曰："丘已习其曲矣，未得其数也。"有间，曰："已习其数，可以益矣。"孔子曰："丘未得其志也。"有间，曰："已习其志，可以益矣。"孔子曰："丘未得其为人也。"有间，曰有所穆然深思焉，有所怡然高望而远志焉。曰："丘得其为人，黯然而黑，几然而长，眼如望羊，如王四国，非文王其谁能为此也！"师襄子辟席再拜，曰："师盖云文王操也。"（《史记·孔子世家》）

孔子习琴经历了"习曲—得数—得志—得人"的一个渐次深入的过程，这个过程既是身体方面反复操练熟悉的过程，也是心灵中不断深入体验音乐本身的过程。在此过程中，对演奏乐器的规律，对音乐本身的规律，包括对调弦、拨弦、节奏、音高、旋律等要素掌握程度越来越深，亦即对音乐作为美善事物的本质把握得渐次深入。当人认识、掌握、驾驭这种音乐内在的必然性的时候，也就是把原来生疏的、异己的、束缚的力量征服，变为能够被人自由支配的力量。这种解释基于恩格斯对于"自由"的经典解释："自由是对必然的认识……自由不在于幻想中摆脱自然规律而独立，而在于认识这些规律，从而能够有计划地使自然规律为一定的目的服务。这无论是对外部自然界的规律，或对支配人本身的肉体存在和精神存在的规律来说都是一样的。"① 孔子习琴，掌握琴的规律，掌握音乐的规律，这是从"合规律性"的角度而言；由对规律的驾驭从而演奏出美妙的音乐，并从中获得心灵的陶冶与提升，这是就"合目的性"而言。主观的目的性与客观的规律性在"游于艺"的状态中达成和谐，所以才能达至"从心所欲不逾矩"的自由境界。

----

① 马克思，恩格斯. 马克思恩格斯选集：第三卷 [M]. 中共中央马克思恩格斯列宁斯大林著作编译局，编译. 北京：人民出版社，1972：153.

此外孔子所言"兴于诗""立于礼""成于乐"还可理解为人格不断完善的一个螺旋上升的结构。首先诗与乐是不分的,诗歌要通过吟诵甚至演奏才能显现为完整意义上的诗。由此而言,诗的本质最终还是落实在"乐"上。由诗歌(乐)开启人的心志,让人的心灵朝向美善事物升华,接受美善事物的熏陶,个体情感得以兴起、舒展和扩充。但是一味地强调诗歌这部分功能又可能会导致人性沉湎和浸淫于一己的个体性情感之中。因此需要"礼"作为外在规范对个体情感施以必要的约束、节制和引导。"乐而不淫,哀而不伤""温柔敦厚"的诗教原则,同时也成了礼教的原则。同样道理,如果一味地强调外在规范的约束与强制,又会抑制与束缚人性的发展与提升,因此最终还是要回到"乐",即诉诸内在情感的熏陶。"诗"—"礼"—"乐"的结构,是个体心灵规则与外在社会规则相契合的结构,也是人的自然个体性与社会普遍性相互和解、渗透、消融,最终达到和谐统一的结构。

二、乐以忘忧:满怀热情地充分活在当下

孔子于"陈蔡绝粮"后,大抵 63 岁抵达楚国的负函。负函的长官沈诸梁(叶公)问子路孔子是个什么样的人。一向以刚毅鲁莽、出言直速为典型性格特征的子路,这回却表现出罕见的审慎,竟无言以对。

> 叶公问孔子于子路,子路不对。子曰:"女奚不曰,其为人也,发愤忘食,乐以忘忧,不知老之将至云尔。"(《论语·述而》)

孔子是个怎样的人?确实是个大问题,子路面对这个问题确实难以回答。之所以难回答,一方面是因为孔子生命内涵本身的丰富性很难用一两句话语简单概括,另一方面是因为孔子在弟子面前所展现的永远都不是一个现存的学者、老师、思想家、政治家或者其他什么人的形象。孔子总是在他的发愤之"学"中展现出自身发展的无尽可能性。因此颜渊赞叹:"仰之弥高,钻之弥坚。瞻之在前,忽焉在后……虽欲从之,末由也已。"(《论语·子罕》)子贡赞叹:"夫子之不可及也,犹天之不可阶而升也。"(《论

语·子张》）

颜渊、子路、子贡均为"孔门十哲"，是孔子最优秀的高足，但不论颜渊、子路还是子贡对孔子的人格与生命内涵都总是难以把握透彻的。而孔子自己几句看似平实的话语却把他一生的精神旨趣、内在人格和生存姿态生动呈现了出来。

"发愤忘食"呈现了孔子一生的为学姿态。子曰："古之学者为己，今之学者为人。"（《论语·宪问》）"为己之学"将"学"本身视为目的，超越了"怎样学"与"学什么"。换言之，为己之学的为学姿态超越了学的具体内容与方法，而是通过"学"这一活动本身不断扩充自身发展之可能，将自身真正交付给"学"，通过学最充分地显现为自身，从而达成个体人格由现实性向可能性的转化。"忘食"则意味着身体与心灵整体性地投入学之中，不再为学之外的事物所牵挂，从而进入一种纯然为学的生命境界之中。"在一种本质意义上，这位独一无二的教师首先是一位独一无二的学者，原本意义上的学者，'发愤忘食，乐以忘忧，不知老之将至'的学者，而不是，譬如说一个神或神的信仰者，更不是一个为了终结学习而学习的理念追求者，更不是一个学术专家意义上的职业'学者'。"① 因此"为己之学"是"内圣"的功夫，指向自我道德人格的完善与内在生命的丰盈。而"为人之学"则意味着将自己所学显现于人前，为人所知，为人所用。这样的"学"便降格为手段与工具的功利之学，荀子谓之"口耳之学"。（《荀子·劝学》曰：君子之学也，入乎耳，著乎心，布乎四体，形乎动静。端而言，蠕而动，一可以为法则。小人之学也，入乎耳，出乎口。口耳之间则四寸耳，曷足以美七尺之躯哉！古之学者为己，今之学者为人。君子之学也，以美其身；小人之学也，以为禽犊。）"为己之学"不惮于"人所不知"而自得其乐，但"为人之学"则"愠"于"人不知"。

接下来我们不妨讨论一下"学"与"乐"的关系。

　　学而时习之，不亦说乎？有朋自远方来，不亦乐乎？（《论语·学而》）

---

① 柯小刚. 道学导论：外篇［M］. 上海：华东师范大学出版社，2010：13.

　　子曰："贤哉，回也！一箪食，一瓢饮，在陋巷，人不堪其忧，回也不改其乐。贤哉，回也！"（《论语·雍也》）

　　子曰："饭疏食饮水，曲肱而枕之，乐亦在其中矣。不义而富且贵，于我如浮云。"（《论语·述而》）

　　由"学"而指引个体生命进入身心愉悦与快乐的情境之中，这是《论语》首章开宗明义所揭示的孔子儒学的大主题。李泽厚从"一个世界"的视角阐释中国儒家"乐感文化"①。他认为孔子儒学没有"彼岸""来生"的观念，把人生的意义与希望全部寄托在此世，因此在日常生活中注重个体情感的疏导，强调体验当下的身心愉悦。这种解释自然言之有理，但失之抽象笼统，并未把孔子之"学"与"乐"的根本关联说清楚。其一，孔子好学、博学又多能，从日常生活技能到礼、乐、射、御、书、数再到人类历史文明中的文化典籍，无所不学，因此学是让个体身心与世界整体相遇的方式，在学中获得自我与世界的整全性契合，体验到自我内在生命的丰盈，进而产生愉悦与满足感。其二，孔子之学不主张单个人苦思冥想、抽象思辨式的学，而尤其注重在人与人交往对话中学。"三人行，必有我师焉"（《论语·述而》），"独学而无友，则孤陋而寡闻"（《礼记·学记》），通过朋友之间共学，相互探讨，切磋琢磨，于友情与学问均有精进，从而体验到情感之乐。其三，学以成德。

　　子曰："由也！女闻六言六蔽矣乎？"对曰："未也。""居！吾语女。好仁不好学，其蔽也愚；好知不好学，其蔽也荡；好信不好学，其蔽也贼；好直不好学，其蔽也绞；好勇不好学，其蔽也乱；好刚不好学，其蔽也狂。"（《论语·阳货》）

　　仁、知、信、直、勇、刚是六项德目，但并非每一项德目均能独立点亮德性之光。只有通过"学—习"，也就是个体在日常现实生活中通过不断实践、反思、历练，才能深刻体悟这些美德在自我人格之中的合理秩序，

---

①　李泽厚. 中国思想史论：上 [M]. 合肥：安徽文艺出版社，1999：310-320.

从而体验到德性完满的充实愉悦感。

最后"不知老之将至"意味着由"学"而"乐"进而对时间，即对个体生存紧迫感的遗忘。对流俗时间的遗忘，恰是对"时间性"的把握，亦即个体对自我存在意义的领悟与把握。

三、我欲仁，斯仁至矣：自由境界中的神圣圆成

子曰："仁远乎哉，我欲仁，斯仁至矣。"（《论语·述而》）

历代注家多从孔子引导个体身体力行，践履仁道的角度来解读这一章，认为孔子的意思是说仁道并不远，个体践行仁道即显现为"仁"的生命品格①。按照这个思路理解，仁道远或不远取决于个体行或不行仁。"行之即是"则意味着个体由其所"行"而显现其所"是"。由此可见，一方面"仁"的内涵并不是抽象的，而是渗透于个体具体生动的实践活动之中；另一方面，个体是否"仁"，切不可一般而论，须从具体的行动中着眼评价。因此孔子不轻易许人以"仁"，也很少一般抽象地来谈论"仁"。子罕言利与命与仁。（《论语·子罕》）这里仍然有几个问题有待进一步探讨，首先是行仁道是否艰难。

> 樊迟问知。子曰："务民之义，敬鬼神而远之，可谓知矣。"问仁。曰："仁者先难而后获，可谓仁矣。"（《论语·雍也》）
>
> 司马牛问仁。子曰："仁者，其言也讱。"曰："其言也讱，斯谓之仁已乎？"子曰："为之难，言之得无讱乎？"（《论语·颜渊》）
>
> 曾子曰："士不可以不弘毅，任重而道远。仁以为己任，不亦重乎？死而后已，不亦远乎？"（《论语·泰伯》）

---

① 《论语注疏》有言：包曰"仁道不远，行之即是"。皇侃《义疏》有言：世人不肯行仁，故孔子引之也。问言仁道远乎也？言其不远也，但行之由我，我行即是此，非出自远也。邢昺《注疏》有言：此章言仁道不远，行之即是，故曰仁道岂远乎哉？我欲仁，即斯仁至矣，是不远也。朱子《集注》有言：仁者，心之德，非在外也。放而不求，故有以为远者。反而求之，则即此而在矣。刘氏《正义》有言：此求仁得仁之旨。《孟子·尽心》云："求则得之，舍则失之，是求有益于得也，求在我者也。"

　　　　君子去仁，恶乎成名？君子无终食之间违仁，造次必于是，颠沛
必于是。(《论语·里仁》)

　　这些章节无不体现了知仁行仁的艰难之处。孔子深刻洞悉个体所处的
人类社会的复杂性及其所对应的人心之复杂性。因此要在复杂变幻的社会
生活背景中提升人性完善人格，就必须让个体始终将自身的实践活动投入
现实的复杂艰难之中，通过现实的不断磨砺提升自我人性。孔子从不主张
遗世高蹈——脱离真实的现实生活世界去寻求人性的完善，可见行仁道并
非简简单单，轻而易得。此外，我们也当着意于孔子在教育对话中所体现
的对"言语"的审慎把握。"言语"被列为孔门四科之一（这里涉及孔子对
教育话语有效性的问题，此问题待下一章详论）。"言"与"仁"时常成为
一对矛盾：多言、巧言、轻言会妨碍"仁"的扩充，而少言、慎言、讷言
乃至不言，则有利于"仁"的养成。孔子对言语所持的审慎态度从某种意
义而言是考虑到"行仁"之艰难。

　　　　始吾于人也，听其言而信其行；今吾于人也，听其言而观其行。
(《论语·公冶长》)
　　　　古者言之不出，耻躬之不逮也。(《论语·里仁》)

　　在孔子的观念中言语应当与德行相匹配，德行难而言语易，以言之易
遮蔽行之难无疑会损害个体德性的完善。在考虑话语之有效性的背后，孔
子主张少言乃要凸显行动之于个体德性养成的关键意义。接下来的问题是，
既然行仁道如此艰难，那么一般人是否可以行仁道呢？

　　　　夫仁者，己欲立而立人，己欲达而达人。能近取譬，可谓仁之方
也已。(《论语·雍也》)

　　从《论语》以及其他儒家经典中都不难知悉，在孔子儒学教化中，孔
子始终不断唤起人于日常生活中醒觉"仁"而朝向日常生活超越的状态，
唤起每一个个体立足自身从浅近熟悉的日常生活入手来践履仁道，也就是

所谓"近取譬"的"仁之方"，亦即为"仁"的路径与方法。这里有两个关键词须加注意：一是"近"，这提示的是"切己"，即要从切合自己的生命体验出发来体察自我发展的真实需要，由近至远一步步完善自我。二是"譬"，"譬"关联着自我与他人。这提示我们要将切己的自我感受代入到他人的发展需要之中。换言之，个体醒觉于"仁"，修炼君子品格，须立足于自身日常生活状态的切己体悟，并把这种体悟设身处地迁移至他人。所谓"君子之道，譬如行远必自迩，譬如登高必自卑"（《中庸》）指向的都是这个道理。"日常性""生活化""此世中"这种人人皆可于切己的日常生活中行"仁道"的思路，后来被孟子进一步发挥，"人皆可以为尧舜"（《孟子·告子下》）。只要在日常生活中依据人之为人的朴实自然情感，推而广之，将爱近亲属的脉脉温情延伸至陌生的他者，就可逐步依循圣贤的生活方式来活，亦即人人都可活出尧舜的生命姿态来。

我们知道，孔子儒学中"仁"是整全完善之理想人格，是人格的终极状态。这种理想人格的最终完成，意味着在"仁"的状态中超越束缚而实现自由。"我欲仁，斯仁至矣"，可作为孔子自道"七十而从心所欲不逾矩"之进一步注解，即孔子于内求外发两个向度均达至个体生命的自由境界，浑然以"仁"的方式展开自我，"仁"于内中的神圣圆成化解了所有外在的道德约束，已然成为孔子内在人格与外在言行举止不可须臾而离的构成性要素。"随心所欲"指向的是"我欲仁"之"仁"，"斯仁至"的随心降临，则促成一切所行之事与外界规矩的和谐融洽。这样的生命状态也是孔子所言"志道、据德、依仁、游艺"的自由生命状态，亦即意味在一切所欲所行之事上的内求外发都显现为一个完善圆融的"仁"的理想之人。

小　结

本章承接上章，依据孔子晚年自述的人生总结，从"意义世界"的视角讨论了"五十知天命""六十耳顺""七十而从心所欲不逾矩"的人生发展历程，借此阐释孔子作为师者典范带给当下中国教师的意义，激活当下中国教师个体发展的深度自觉。

"知天命"是基于生活经验的扩充，从生活世界出发一步步认识世界的本真面貌，把握人类基本的生存处境，在对意义世界的不断追问中，始终以积极的生命实践朝向自我发展与世界改造的可能性，从而确证自我生命的价值。这意味着唯有当师者自觉于人类整体文化命运有所担当的时候，立德树人的教化活动才得以真实展开。"耳顺"意味着认清世道人心的复杂性之后，仍然心怀柔顺地接纳现实世界的不完满性。在六十岁上下这一生命阶段，孔子遭受人生中最大的挫折，四处碰壁，屡遭困厄。然而尽管如此，孔子依然在乱世中抱持理想与希望，以对现实世界的热爱，把自我生命的全部热情投入理想世界的塑造中，以自我的不断完善一点点填补世界的不完满。"从心所欲不逾矩"意味着孔子浑然以"仁"的方式展开自我生命存在，化解了所有外在的规范与约束。这种生命状态亦即孔子所言由"志道、据德、依仁、游艺"所敞开的自由境界中个体人格的神圣圆成。

孔子自言"下学而上达"。从个体发展之历时性而言，孔子少年至中年，亦即"志于学""而立""不惑"的人生阶段，不妨看作其"下学"阶段，而中年直至晚年，则可看作是其"上达"阶段。"下学"阶段主要是从个体"生活世界"积累人生的感性经验，巩固人生信念，追寻人生价值；"上达"阶段则在对人生意义的追问中进一步提升对自我与世界的认识，在自我与世界的关系中思考与行动，努力活出理想的样式来。

第四章
立己立人：絜矩之道与师者身份的确立

君子既知教之所由兴，又知教之所由废，然后可以为人师也。

——《礼记·学记》

本书第二章与第三章分别从"生活世界"与"意义世界"的视角探讨了孔子的人生发展历程与教育的内在秩序，以甄定教育之于个体发展不同阶段的应有之义。换言之，前两章探讨孔子的个体发展之道，也就是由"下学—上达"之径而彰显的"立己"之道。本章试图阐释孔子的教化之道，也就是讨论孔子如何将立己与立人相统一，在树立自身的进程中，通过师生间的生动交往，启迪人心，促成他者扩充知识、理性与技能，完善德性，确证自我生命的意义与价值，以此确立起师者的身份。纵观孔子为师的一生，他始终相信，在现实世界中任何强制的力量都是有限的，而作为道德典范的力量则是无穷的。

子曰："其身正，不令而行；其身不正，虽令不从。"（《论语·子路》）

季康子问政于孔子。孔子对曰："政者，正也。子帅以正，孰敢不正？"（《论语·颜渊》）

因此，孔子绝不强迫任何一个人信奉他的学说，执行他的教导，而是始终以自我完善来树立起师者的典范，以自我人格来感化人。孔子作为师者典范的意义，便是让自己与弟子们都能于现实生活（哪怕是乱世的现实生活）中找到心灵的归宿与安宁，对未来的人类理想生活充满希望。

第一节　夫子之道一以贯之：人我关系的教化视野

不论哪个时代、哪种形式的教育，都发生于人与人之间的交往对话之中。一个被称为有教养的人首先意味着其言行举止在人与人的日常关系中恰如其当；而一个未经教养的粗野之人，则意味着他仅仅生活在自我的蒙昧状态之中。从这个意义而言，教育的应有之义是要唤起人的心灵朝向他者敞开，与他者交往对话，认识自我，理解他人，通过"知人""爱人"达至对人道的更高理解层面。孔子的核心思想"仁"，其中一个基本义项即"二人为仁"。这意味着"仁"展开于人与人的关系之中，更进一步说是展开于人与人的复杂性、差异性、开放性的关系结构之中。由此而言，孔子教化之道的基本视野，便是始终将教育话语和行动在人与人的多元关系结构中展开。就"仁"的内涵而言，包括积极与消极，促成与守护两个维度，即"忠"与"恕"。

> 子曰："参乎！吾道一以贯之。"曾子曰："唯。"子出。门人问曰："何谓也？"曾子曰："夫子之道，忠恕而已矣。"（《论语·里仁》）
> 子曰："赐也，女以予为多学而识之者与？"对曰："然。非与？"曰："非也，予一以贯之。"（《论语·卫灵公》）

一、忠：在尽己的生命投入中促成他者

许慎《说文解字》解释："忠，敬也，从心中声。"历代经学注疏家对于"忠"的理解也大致相近。皇侃《论语义疏》引王弼："忠者，情之尽也。"朱熹《论语集注》解释："尽己之谓忠。"段玉裁《说文解字注》解释："忠，敬也。敬者，肃也。未有尽心而不敬者。尽心曰忠。"也就是说"忠"是将自我身心竭尽地投入进来。在"二人为仁"的关系语境中，忠也就是意味着竭力地、尽情地、完全地、体贴地投入与他者的交往之中。曾子对孔夫子的忠恕一贯之道体会得最为深切，因此他每日反身而诚的第一

问便是反省自己是否做到了"忠"。

> 曾子曰：吾日三省吾身。为人谋而不忠乎？与人交而不信乎？传不习乎？（《论语·学而》）

接着展开对"忠"的分析。第一，忠的对象指向他者，意味着时刻"尽己"地关切着他者的生存处境。第二，从目的来看，忠是促成他者达成一个善的目的。这个目的既可是外在事功的圆满，也可是内在德性的提升。但不论是外在的还是内在的，这个目的必须符合善的尺度，否则就不能称为"忠"。第三，尽管"忠"的意向是为了促成目的，但判断是否为忠并不以效果为依据，而取决于主体是否"尽己"。第四，忠的展开方式是将自我的智识、情感、意志乃至身体力量完整地投入进来，也就是我们通常所说的全身心地投入才能称为"忠"。第五，忠在指向他者的同时本身也带有自我反省的意识成分，也就是在自我生命力量的投入中同时在反观是否真的做到了尽心尽力，总是对自己的行为是否真实、诚信等进行道德判断。第六，在这种投入与反思中个体通过与他者的生动交往，其自身的生命力量得到了扩充，又因共同朝向一个善的目的，因此个体自身的德性也获得了提升。

分析至此，我们似乎对"忠"的内涵有了进一步认识。由此着眼于当下教育实践中的师生关系，则意味着教师之为教师就是充分地活在师生关系之中的生命显现，"尽己"地关切着学生的生命成长，时刻回应其内在生命需求，激发学生的生命活力与潜质，在与学生的生动交往中共同朝向更高的善。下面我们再从孔子与弟子的教育对话情境中来审视"忠"所蕴含的教育意蕴。

> 子以四教：文、行、忠、信。（《论语·述而》）

注疏家一般认为这里展现了孔子教人的"先后秩序"：

> 文行忠信，此夫子教人先后潜深之序也。文者，诗书六艺之文，

所以考圣贤之成法，识事理之当然，盖先教以知之也。知而后能行，行之固将以行之也，故进之于行。既知之又能行之矣，然存心之未实，则知或误于夸博而行或出于矫伪，故又进之以忠信。忠发于心而信周于外，程子谓发己自尽为忠，循物无违谓信。天下固有存心忠实，而于事物未能尽循而无违者，故又以信终之。至于信，则事事皆得其实而用无不当矣。此夫子教人先后浅深之序，有此四节也。①

这意味着孔子先以"六艺"之文传授弟子，然后责成弟子躬行实践六艺之理，做到知行合一，最后强调内心对所知所行之理的认同感与充实感。这种解读未免有些牵强。第一，忽略了教育的共时性特征，个体的知与行及其在知行实践中的意向性总是共时共在发生的，不存在先知后行再忠信这样一个人为割裂了的先后性。第二，总体而言这种解读是从凝固了的教育内容着眼，指示所教的内容为"文行忠信"，老师和弟子并不在场。因此上述"先后秩序"的解读实际上变成了"子教以四"，这样一来，不但孔子教育内容的丰富性被狭隘化，其教育的高妙智慧也没有显现出来。换一种视角来看，若从师生关系的结构中来解读，孔子教化的意蕴便丰富而生动了起来。这里强调的是孔子在师生关系中所显现的生命姿态，孔子以广博的文艺修养、知行合一的道德人格力量，尽情竭力地活在弟子面前，他不仅牵挂着身边弟子们的生存处境与个体发展，更为整个人类文明的传承赓续，为人类社会美好秩序的建立殚精竭虑。所以孔子在弟子面前的教，并不是把四项现成的内容教授给弟子，而是以自我丰沛的生命姿态来激活弟子的生命潜能，将弟子的身心发展带入文、行、忠、信中去。换言之，孔子在与弟子的生动交往中，师生共同朝向了文、行、忠、信——个体完整人格的四个主导方面而发展。在教与学的相互切磋琢磨中，师生的生命力量、道德人格共同获得了扩充与提升。

我们两千多年来一直读《论语》，即便仅仅依凭着师生间仅存的只言片语，也要不断去思慕孔门教化的美好盛况。人们之所以如此，并非只是抱着一种浪漫的怀古幽情，而是因为这个以对话形式展开的文本本身向我们

---

① 程树德. 论语集释：上［M］. 北京：中华书局，2013：562－563.

提供了一个思考理想教育的好的范型。在《论语》中，孔门师徒的形象及其关系超越了简单的师生关系，它将孔门所有人原始生动的作为人之为人的完整性与丰富性带入教育性对话情境中。这种关系结构，不是单向的"教"与"学"的目的性、功利性直接明确的模式，也不是"你教"——"我学"或"我教"——"你学"这样对象化的教学结构，而是"存在论"意义上师生共契共存、你我交融的教学相长结构。

上文已分析，"忠"蕴含着一种对他者生存处境的深切牵挂，以及孔子对弟子的生命关切。我们可以来看这感人至深的一章：

> 伯牛有疾，子问之，自牖执其手，曰："亡之，命矣夫！斯人也而有斯疾也！斯人也而有斯疾也！"（《论语·雍也》）

伯牛在"孔门十哲"中位列"德行"科，不幸染上不治之疾。孔子到其家中探望，与弟子作生前最后的诀别。从窗户下握着病榻上伯牛的手。钱穆解释道：

> 古人居室，北墉而南牖，墉为墙，牖为窗。礼，病者居北墉下，君视之，则迁于南牖下，使君得以南面视之。伯牛家以此礼尊孔子，孔子不敢当，故不入其室而自牖执其手。或说：伯牛有恶疾，不欲见人，故孔子从牖执其手。或说：齐、鲁间土床皆筑于南牖下，不必引君臣之礼说之，是也。[1]

我们可以想象当时的场景是如何打动了现场所有的人，这一幕被弟子们深情记录下来。孔子深深叹息："这样的人，怎会有这样的病啊！这样的人，怎会有这样的病啊！"这两声深悠叠叹，余哀未绝，穿越千古，让我们至今仍能感受到孔子对弟子的深切之情。这种关切，是对弟子生存处境根子处的生命关切，永远体现着中华民族师徒间心灵真诚的交往之情。

---

① 钱穆. 论语新解［M］. 北京：九州出版社，2011：136.

二、恕：在自我认识的基础上守护他者

对于"恕"的解释，《论语》中有句经典的原话：

> 子贡问曰："有一言而可以终身行之者乎？"子曰："其恕乎！己所不欲，勿施于人。"（《论语·卫灵公》）

子贡在"孔门十哲"中位列"言语"科，他的"一言"之问，实际上是一个十足难答的问题。在人的一生当中，如果要拎出唯独的一个字终身奉行，那这个字无疑在理想人格塑造中具有最紧要、最基础、最关键、最核心的意义。这个字究竟应当是什么，对这个字的提炼需要凝聚多么审慎的道德理性判断！孔子以自己"一贯"之道（即曾子所阐明的"忠恕之道"）回答了子贡的"一言"之问。自然这里凸显了孔子行事为人，教化人心的一贯原则，但其背后则蕴含着孔子对人性的深邃思考与洞察。

上文对"忠"进行了一些分析，下面再对"恕"与"忠"进行一些比较，以便对这个最紧要的字有进一步认识。

首先，从汉字词源学意义而言，恕和忠都从心。许慎《说文解字》解释："忠，敬也，从心，中声；恕，仁也，从心，如声。"段玉裁《说文解字注》解释："恕，仁也。孔子曰能近取譬可谓仁之方也矣。孟子曰强恕而行，求仁莫近焉。是则为仁不外于恕。析言之则有别，浑言之则不别也。仁者亲也。"值得注意的是，"仁"是孔子儒学的最高范畴，是全德。许慎之所以直接将"仁"与"恕"互训，这在孔子的话语中是可以找到根据的。

> 仲弓问仁。子曰："出门如见大宾，使民如承大祭。己所不欲，勿施于人。在邦无怨，在家无怨。"（《论语·颜渊》）
>
> 子曰："道不远人，人之为道而远人，不可以为道……忠恕违道不远，施诸己而不愿，亦勿施于人。"（《中庸》）

段玉裁依着许慎这个思路进一步指出，一般而言（浑言），可以不区分"仁"与"恕"。可见，在孔子观念中"恕"较"忠"具有更原始、更基

础、更普遍的价值。因此回答子贡"一言"之问，孔子提到的是"恕"而不是"忠"。

其次，忠是一种相对而言较高的道德要求，是一种积极投入的力量，为了促成他者达到一个善的目的，用论语另一章的话语而言，"忠"有种"己欲立而立人，己欲达而达人"（《论语·雍也》）的积极的意味。恕则是由"勿"所发出的一种绝对的道德戒令，是保守他者免受恶的损害，是一种基本的、底线的并诉诸每一个人都须共同遵守的可普遍化的道德要求，是守住人之为人之理的最后的一道屏障。

最后，对"恕"之必要性与可能性作进一步分析。第一，"恕"的必要性在于人人皆有所"不欲"，并且这种不欲在每个人情感意识中具有同一性。我们知道人的需求有不同的层次。著名的马斯洛需求层次理论把人的需求从低级到高级依次分成五个层次：生理需求、安全需求、社交需求、尊重需求与个人实现的需求。越是低层次的基本的需求，在人类情感意识中同一性越明显，比如人人都有"饮食男女"的需求，都有安全感的需求等。当个体生存发展中的这类最基本的需求被抑制、被剥夺时，人类普遍的"不欲"就显现了出来。第二，"恕"之可能性在于认识到人类情感欲望的普遍性与同一性，即所谓"人同此心，心同此理"。在人类基本情欲的普遍性原则下，人才能遵循共同的情感尺度，即在人我关系中以自己作为人的普遍性的内在情感为认知尺度，从自我情感认知出发来同情体谅他者。

既然"恕"意味着通过自我内在情感意识的反省，杜绝将自己所不欲的强加于人，那么站在师生关系的立场上来看，作为教师则不应当把自己所不欲的强加于学生。这种不强加于学生的"恕"道可从历时性与共时性两个维度来加以理解。

从历时性而言，教师首先应当将自我意识置于自我成长的回忆中，并不断反省以往所经历的教育情境。具体而言，就是深入反省在学校教育中作为学生角色以及在家庭教育中作为孩子角色时自己心灵的所欲所求，深入反省教师及家长的言行举止对自我生命状态的正面与负面的影响。换言之，身为教师，首先得把教师当下的身份意识悬置起来，以过往的作为儿童的自我意识为原点，通过不断的反思、追问、设想、筹划，从而建构起当下的教师意识。对作为儿童的自我意识回忆得越清晰，对过往教育情境中各种要素对自我成长的影响分析得越透彻，当下的教师身份才能愈显充分、饱满。

从共时性维度而言，意味着教师得超越当下教师自身的性情欲望，充分活在当下的师生关系中，站在学生的立场上充分关注学生当下的心灵欲求。在当下具体生动的师生交往与心灵对话中获悉学生成长发展中最真实的需要。"教师对学生的理解，其实是一种无时不有的学生立场，也就是一种时刻保持的真诚态度，而并不一定是基于教师对每个学生的生存境遇的了解。时刻朝向学生，活在师—生关系结构之中，才是教师的生存的本质。教师对学生的影响如果契合了学生的内在需求，那么教师的影响就会在学生的精神结构中呈现扩展的态势；如果教师的影响完全忽视了学生的接受，教师只顾着展现教师自身的教学魅力，或者程式化地完成自己的教育教学工作，那么教师的影响就难以进入学生当下的心理结构之中。"①

上面解释了"恕"的意思是"己所不欲，勿施于人"。那孔子为什么不说"己所欲，施与人"呢？这种肯定积极的表达方式可以终身行之吗？何怀宏先生在其《良心论》中充分论述了这种表达的缺陷。② 其一，这是强人所难，并非人人都能做到。其二，这样做甚至是有危险的，因为人的需求虽然在低层次的、基本的需求方面显现出同一性，但是在高层次的需求方面，比如审美的需求，对自我实现的需求，追求崇高的需求等方面则表现出明显的差异性。我们不能把自己认为是最好的东西也迁移至他人的追求中。因此把自我之欲施于人，在逻辑上与现实上都背离了"己所不欲，勿施于人"的恕道。由此观之，在教育情境里，教师活在师生关系中，需时刻充分关注学生的心灵欲求，但却绝不能代替或干涉学生追求属己的美善生活。从孔子的"忠恕之道"，我们还可以进一步体会，教师以积极交往的姿态介入学生个体生命发展的空间，在积极促成学生个体发展的同时，还应当在必要的时候退守至学生个体发展空间之外。"堪称优秀的教师在任何时候，欲将自己的影响加之于学生身上之时，都应该有一种将自己的影响

---

① 刘铁芳. 什么是好的教育——学校教育的哲学阐释［M］. 北京：高等教育出版社，2014：104 - 105.

② 何怀宏. 良心论［M］. 北京：北京大学出版社，2009：146.

从学生生命世界中拔离出去的倾向，以此来保护学生个体精神发展的真正的独立性，而不应该让学生的发展成为教师权威下的压迫性实践。"①

回到《论语》，子贡谨记了孔子的教导，但是施行起来仍然不为孔子所满意，这体现了在某些特殊境遇下，坚守这一基本义务之难。子贡曰："我不欲人之加诸我也，吾亦欲无加诸人。"子曰："赐也，非尔所及也。"(《论语·公冶长》)

第二节　絜矩之道开显的教化原则

上文从"忠"与"恕"两个方面考察了在"二人为仁"的人我关系结构中孔子所行教化的一贯之道。"忠"和"恕"是从积极与消极两个方面就主体意向性而言的形式化指涉，由此开显的具体教化原则主要包括主体性原则、平等原则和因材施教原则。

一、为仁由己：主体性的唤起与个体生命自觉的彰显

首先来看主体性原则。所谓主体性原则，宽泛而言就是承认、重视并坚持个体在认识和改造自我与世界的实践活动中的主导地位和主要作用。所谓孔子教化当中的主体性原则，就是孔子在教育情境中注重唤起人的主体性，促成个体自觉将属人的本质力量通过知行实践活动从自我的潜质中生发出来。孔子对于人的主体性的强烈自觉有其深刻的历史背景。如本书第一章所交代的，远古直至夏商周三代，中华文明存在一个漫长悠远的巫史传统。人的认识与实践活动受巫觋为代表的神圣力量的支配。人的价值并不从自我存在本身的意义中得到确证，而是从属于外在的神圣价值。但随着人的认识能力与改造能力的发展，商周巫史传统逐渐退隐，人的主体意识不断上升。孔子就是在这样一个旧统与新统交替的历史关头，以他独

---

① 刘铁芳．什么是好的教育——学校教育的哲学阐释［M］．北京：高等教育出版社，2014：12．

特的智慧，不断唤起人的主体意识，在继承与改造中努力开启文明新统。

前文讨论了"忠"是一种"尽己"的生命投入，也就是不断发挥与扩充自我生命力量去认识、改造、建构生活世界与意义世界，从而获得自我生存价值的确证。从此意义而言，孔子教化的主体性原则也就是唤起人的"忠"之意识。

> 颜渊问仁。子曰："克己复礼为仁。一日克己复礼，天下归仁焉。为仁由己，而由人乎哉？"颜渊曰："请问其目。"子曰："非礼勿视，非礼勿听，非礼勿言，非礼勿动。"颜渊曰："回虽不敏，请事斯语矣。"（《论语·颜渊》）

这里颜渊问及了孔子儒学的核心范畴：仁。孔子打算通过教化人心的方式，于滔滔乱世中重新确立"礼"在现实生活中的秩序，这奠基的第一步就需要唤起人"克己"的意志。从我们自己的生活经验出发其实很容易理解，个体受教育的起点并不是获悉什么事情可以去做，而恰恰是觉悟什么事情不可以做。视、听、言、动基于人的自然属性，只要是肉身健全之人便可以进行视、听、言、动的活动，因此单单能进行视、听、言、动并不彰显为人的本质。唯有能够以"礼"的尺度来判断什么情况下不能视、听、言、动的时候，人的人本质才得以彰显。用康德批判哲学的话语来说，就是人作为自我的主宰为自我的言行举止来立法的时候，人的主体性才得以凸显。"为仁由己"也就意味着，唯有自我成为自我的主宰，自觉担负起"克己"的个体道德修炼和"复礼"的社会秩序重建的任务时，天下才能归于仁，亦即世道人心的理想秩序方能建立起来。

> 子曰："古之学者为己，今之学者为人。"（《论语·宪问》）
> 子曰："人能弘道，非道弘人。"（《论语·卫灵公》）

孔子的这些教导无非都是为了唤起人的主体性，鼓励人以尽己的生命实践建构起属己的意义世界，填补个体生存境域中的虚无。

二、有教无类：平等对待个体生存发展的普遍欲求

接着来看平等性原则。上文提及"恕"道是基于对人类情感欲望的普遍性与同一性的认识，即认识到每一个个体都有一般无差别的为延续自我生存发展所必需的基本需求。而广义的受教育的需求正是指向拓展自我生存发展之可能性。从这个意义而言，受教育的需求便从属于人类普遍的基本需求。由此，不难理解无论籍贯、出身、地位、经济状况、职业、天资、年龄等，每一个现实生活着的个体都期待不断拓展自我生存发展的能力。因此在获得教育机会面前应当人人平等。

> 子曰："自行束脩以上，吾未尝无诲焉。"（《论语·述而》）
> 子曰："有教无类。"（《论语·卫灵公》）

孔子是否真的遵循了"有教无类"的平等原则呢？我们可以着眼于孔门弟子的来源。从籍贯来看，他们分别来自齐、鲁、卫、陈、晋、宋、吴、蔡、秦、楚、燕等十一国[1]；从出身门第、身份地位来看，既有出身于贵族的孟懿子、南宫敬叔、司马耕，又有出身寒门的颜回、曾点、曾参、闵子骞、子夏等；从职业来看，既有士阶层如澹台灭明，又有商人如子贡，又有"卞之野人"子路，甚至还有大盗颜浊聚（见《吕氏春秋·尊师》。《史记·仲尼弟子列传》《孔子家语》没有记载，《韩诗外传》作颜鄙聚，《晏子》作颜烛邹，又作颜仇由、颜斫聚、颜喙聚、颜烛趋。春秋时期齐国人，一般认作孔子弟子）；从孔门弟子的禀赋而言，既有性情愚直的高柴，又有鲁钝持重的曾参，又有乖张偏僻的子张，还有刚毅猛烈的子路（《论语·先进》曰：柴也愚，参也鲁，师也辟，由也喭）；从入孔门年龄来看，他们更是差别很大。可见，孔子门下吸纳了当时社会各阶层的各式各样的人，孔门是一个几乎没有门槛的教化之门，朝天下所有向学之人开放。

但机会平等只是教育平等地入口，仅仅意味着个体平等地分享受教育的可能性，倘若在实际的教育生活情境中弟子们不能平等地分享教育内容，

---

① 李启谦. 孔门弟子研究［M］. 济南：齐鲁书社，1987：12.

不能平等地受到尊重，那这种机会平等则丧失了现实意义。从《论语》这一对话体构成的文本着眼，孔子的教育对话向所有的孔门弟子而敞开，孔子所编修删订的六艺"教材"，即《诗》《书》《礼》《乐》《易》《春秋》也向弟子平等开放。《史记·孔子世家》云："孔子以诗书礼乐教，弟子盖三千焉，身通六艺者七十有二人。"由此可见，在孔子门下，弟子们平等地分享孔门的教育资源。① 此外，平等原则还体现于孔子依循着弟子们的天资禀赋，平等地尊重每一个个体的人生理想抱负，鼓励、支持他们去追求实现自己的理想人生。

三、因材施教：区别对待个体身心发展的特殊差异

最先提出"因材施教"这一概念的并不是孔子本人，而是宋儒在总结概括孔子教学特点的时候提到的。朱熹在其《论语集注》中解读孔子的教育之道时说："张敬夫曰'圣人之道，精粗虽无二致，但其施教，则必因其材而笃焉'。"这大概是因材施教的原始出处。再来看《论语》中孔子因材施教的一个典型教育情境。

> 子路问："闻斯行诸?"子曰："有父兄在，如之何其闻斯行之?"冉有问："闻斯行诸?"子曰："闻斯行之。"公西华曰："由也问'闻斯行诸'，子曰'有父兄在'，求也问'闻斯行诸'，子曰'闻斯行之'。赤也惑，敢问。"子曰："求也退，故进之；由也兼人，故退之。"（《论语·先进》）

同样一个问题，孔子针对不同的弟子，便做出了截然相反的回答。子

---

① 李零先生据吕思勉《讲学者不亲授》及《后汉书·儒林传》认为，司马迁之所以说孔子弟子三千，是因为孔门弟子分了很多等级，有登记在册弟子、及门弟子和入室弟子，可以让学生带学生。有的学生只能在院子里溜达，有的能入门，最后才能入室。但是从《论语》及其他材料中找不到依据证明孔门是这种情况。《论语·先进》中提及"由也升堂矣，未入室也"，升堂入室当理解为入道之次第，学问之深浅，而不应理解为入师门之身份等级划分。李零先生又引《论语·里仁》4.15，大徒弟在屋里谈话，其他徒弟只能在门外候着，孔子走了，其他人才追问大徒弟刚才老师都讲了什么。从《论语·里仁》4.15看，恰恰说明曾子与门人当时都在场，只是门人没有明白孔子的意思，故重又问曾子。详见：李零.丧家狗：我读《论语》[M].太原：山西人民出版社，2007：17.

路秉性勇猛、刚毅，因此孔子提醒他还有父兄在，行事时应当审慎而为；冉有生性懦弱一些，遇事过分审慎，有时不免回避退却，因此孔子鼓励他要见义勇为。由此我们可以清晰看到，孔子因材施教的前提与基础是深刻认识不同个体身心发展的差异性，针对特殊的个体，展开不同的教育对话，引导个体从自身的秉性气质、性格特征出发，不断提升自我。

由此，我们还可以进一步体会到，孔子因材施教并不是一种对个体差异性之理性把握后的冷峻态度，而是处处流露着对每一个具体教育对象脉脉温情的关怀。子路刚毅勇猛，在混乱现实世界容易遭到不测，孔子曾深切担心子路的安危性命："若由也，不得其死然。"（《论语·先进》）因此，当子路问"闻斯行诸"的时候，孔子以子路至亲至爱人的牵挂来谆谆告诫子路克服勇猛冲动的性格缺点。我们可以看到，这里不仅仅显现了孔子的教育智慧，更流露着他对弟子的牵挂与温情。

来看当下中国教育，"因材施教"也是我们在日常教育实践中提得多的话语之一。但是真正要弄明白其背后的理据，还有必要弄清楚什么是"教"。现实中我们很容易把教学理解为知识的授受活动，也就是把现成的知识由已知者传递给未知者。如果按这个思路来理解，因材施教原则的教育意义就极大地被狭隘化了。那真正的"教"究竟是什么意思呢？

《说文解字》解释："教，上所施，下所效也。"《尚书·说命下》曰："惟教、学半，念终始典于学，厥德修罔觉。"汉孔安国曰："教然后知所困，是学之半。终始常念学，则其德之修无能自觉。"唐孔颖达疏："教人然后知困，知困必将自强。惟教人乃是学之半，言其功半于学也。"《礼记·学记》引用并发挥："是故学然后知不足，教然后知困。知不足，然后能自反也；知困，然后能自强也。故曰'教学相长也'。《兑命》曰'敩学半'。其此之谓乎！"

由此可见，"教"在中文语境里总是如影随形地牵扯着"学"，教与学互为依赖，教本身也是学，而且只是学的一半。那"学"又是什么意思？《说文解字》解释："学，觉悟也。"职是之故，教的本意其实是要通过教来唤起他人与自我双方的自觉。这样一来，"教"就比简单传授知识要复杂得多。唤起自我与他者的觉醒，其前提必须是在师生交往间建立起亲熟的关系，深入全面地了解掌握不同学生所显现的不同性格、禀赋、欲求、认知方式、行为习惯、身心发展水平等各方面的情况，而孔子的教化之道恰恰是以对学生的深入了解为前提的。

孔子不相信放之四海而皆准的普遍化、绝对化的真理，他坚持认为真理只在具体情境中向着具体的个体当场显示。因此在孔子教育对话中，针对不同的弟子，或者对同一人在不同的教育情境中，问仁、问孝、问礼、问政……孔子总是有不同的回答。这就是孔子的教育智慧，总是从具体的教育情境着眼，审度教育对象的具体情况，在时机化的境域中唤起个体的自觉。

最后应当指出，因材施教原则与上述主体性原则、平等性原则并不是平行概念。但是要在教育实践中真正贯彻上述两个原则，则必须把握好因材施教原则。换言之，因材施教是唤起人的主体性，实现教育公平的条件。

小　结

本章阐释了孔子在人我关系视野中所持守的一贯原则，也就是由"忠"与"恕"两个维度构成，以推己及人的方式所显现的絜矩之道。

孔子之"仁"，其中一个基本义项即"二人为仁"。"仁"作为孔子思想核心敞开了其教化人心的基本视野，即始终在人与人的关系中唤起个体朝向他者。就教育主体的意向性而言，这种朝向包括积极与消极，促成与守护两个方面，即仁的两个核心内涵："忠"与"恕"。忠是在尽己的生命投入中促成他者；恕是在自我认识的基础上守护他者。由絜矩之道开显的教化原则主要包括主体性原则、平等性原则与因材施教原则。主体性原则即教育的关键在于唤起个体的生命自觉，彰显人的主体性；平等性原则，即深刻认识每一个个体均有获得自身生存发展的普遍欲求，在获得教育机会面前应当人人平等；因材施教原则，即区别对待个体身心发展的差异性。

第五章
以道达人：诲人不倦与教育实践的展开

教也者，长善而救其失者也。

——《礼记·学记》

孔子在鲁国由中都宰至司空再至大司寇，最后在"堕三都"之政治抱负功败垂成后无奈离开了鲁国。孔子首先抵达卫国。在经过卫国仪邑的时候，该邑的一位地方官说"向来有君子贤人从我的地方经过，我未尝不请见的"，见了孔子后又对孔子的弟子说，不必因你们老师的政治失位而忧虑：

二三子何患于丧乎？天下之无道也久矣，天将以夫子为木铎。（《论语·八佾》）

从一位异国之人口中发出如此温暖而坚定的话语，可见即便孔子在现实政治中遭遇挫败，但是孔子自身的人格光辉，以及在鲁国所施行的虽短暂但卓有成效的现实改革，依然照耀着异国他邦。孔子究竟是如何宏施教泽，启迪人心，于天下无道的滔滔乱世中，树立起光照后世的成人之道，以至于深刻影响了中华民族二千多年来的生存世界？美国汉学家顾立雅言："自古以来，教师的数目可谓不可胜数，但是像孔子那样以个人的身份，并完全依靠对年轻人的教导而改变人类历史进程的教师却是屈指可数的。孔子之所以能取得这样的成就，主要依靠的是他特殊的教学方法和教学内容。"[1]

---

[1] 顾立雅. 孔子与中国之道 [M]. 修订版. 高专诚，译. 郑州：大象出版社，2014：81.

本章将继续从孔子教育对话入手，深入探讨孔子究竟是如何践行一种以道成人的教育路径的。

第一节 汝为君子儒：至善作为教育的最终目的

"儒"原本是殷周以降娴熟礼乐，精通六艺的术士，后专替贵族相礼，又将其技艺传授于人。作为一个职业的"儒"在孔子以前早已存在。孔子通过"删诗书、订礼乐、赞周易、作春秋"等活动对古典文献进行了增删修订整理，并对门下弟子展开了不同于前代儒者的新的教育活动。从此，这个古老的职业行当被赋予了新的文化内涵，由孔子开创，弟子门人传承发扬的学派始称儒家。

孔子所开创的儒家与孔子之前的儒者，两者所进行的文化教育活动的根本不同在于教育的目的、教育的过程与方式均发生了根本性转变。孔子之前的儒者所传授的是专门的技艺，目的是要为今后应对入仕的各种场合与要求做准备。而孔子的教育理念完全超越了专门技艺的传授，他更为关心的是个体整全人格之养成及其对人类整体命运的担当。我们说孔子以道成人，主要就是指他是整体性地关注个体人格与人类社会的生活秩序。孔子明确提出"君子不器"，也就是说人应当超越仅仅作为懂得礼乐技艺的工具性存在，将自我德性的树立以及对人类命运的道义担当视为人生的目的。孔子强调，要通过礼乐精神来发扬人的内在德性，从而通达人格的最高理想境界：至善。孔子教育的最终目的便是要培养朝向至善而不断自我完善的君子。

子谓子夏曰："女为君子儒，无为小人儒。"（《论语·雍也》）

这是《论语》中独此一处出现"儒"字的一章。这意味着以个体内在德性为标准（而非礼乐技艺为标准），便有君子儒与小人儒之分野。在孔子的视野中，所谓君子有三个重要维度的考量。其一，就个体内在品质结构而言，君子意味着"文质彬彬"，也就是人的自然天性与后天人文教养达至一个和谐的状态。其二，就个体与他者的人伦关系而言，个体成人所由之路有"五达道"。也就是要求个体在君臣、父子、夫妻、兄弟、朋友这五项最基本的人伦关系中不断砥砺美善人格。在"五达道"的淬炼中所养成的理想人格被称为"三达德"，即：知、仁、勇。所谓"五达道""三达德"之"达"可理解为通达"至善"之"达"。其三，就人所处的广泛的社会关系而言，所谓君子就是其言行举止修养得体，时时处处都像一名君子。用通俗的话来讲，就是君子要修养成君子的样子，符合这样的标准被称为"义"。

一、文质彬彬：自然与人文的尺度

在孔子的教育观念中，个体身心所呈现的"文"与"质"的辩证关系是考量君子之德的重要尺度。如今，我们依然把一位看起来有教养的人形容为"文质彬彬"。因此，从古典教育文质关系的视角看当下的个体成人，依然能够对我们今天的教育实践提供有益的启示。但值得注意的是，"文质彬彬"这个成语在当下语境中的意涵较孔子话语中的意思发生了重大的转变。《现代汉语词典》（第 7 版）也揭示了这个转变："'文质彬彬'原形容人既文雅又朴实，后来形容人文雅有礼貌。"可见，在现代汉语中，"文质彬彬"原本含有质朴、朴实的那层意蕴被文雅、礼貌遮蔽了，"文质彬彬"转向了"彬彬有礼"。那么孔子话语中的"文质彬彬"是什么意思呢？

> 子曰："质胜文则野，文胜质则史。文质彬彬，然后君子。"（《论语·雍也》）

第一，看"质"。当代学人吴小锋对《论语》中的文质内涵及其关系作了深入的考证与分析。他指出"质"的内涵最难确定。《说文解字》云："质（正体为"質"）以物相赘（抵押），从貝从所。"吴小锋解释说："'所'从二斤，也就是斤斤，《诗·周颂·执竞》云'自彼成康，奄有（全部占有）四方，斤斤其明'。《毛传》云'斤斤，明察也'。"[①] 由此可

---

① 吴小锋. 古典诗教中的文质说探源［M］. 上海：华东师范大学出版社，2016：42.

见，"质"的原初含义是一物能籍以显明自身的凭据。用于人，也就意味着"质"就是能显明人之为人本性的那个东西。

第二，孔子所谓的"文"，又是指什么呢？《周易·系辞下》解释"物相杂，故曰文"；《说文解字》认为"错画也，象交文"；朱熹《周易本义·系辞下传》解释"相杂，谓刚柔之位相间"。可见，文的本意是指物依据其自身阴阳相交而显现出的错落有致的纹理。"在中国古典文献中，'文章'一词首见于《论语》"①，孔门四科又列"文学"科。由此，孔子所谓的文既指文章、文学，也引申为人类文明所积累下来的礼乐政教典章。这些典章对于教化人心尤为重要。

第三，孔子所谓的"野"是什么意思？野是指郊野，也就是王政礼乐教化所不及的地方。郊野之人由于未经文明的教化，故言行粗鄙，举止荒疏。

第四，什么是"史"。《韩非子·难言》解释"捷敏辩给，繁于文采，则见以为史"；《仪礼·聘礼》解释"辞多则史"；王充《论衡·量知》解释："能雕琢文书，谓之史匠"②。由此可见，史意味着能说会道，善于辞章，长于文饰，着意于外在的形式，进而有一种让事物（事情）本身的真相被遮掩的趋向。

大致弄清楚孔子在这一章所述几个关键词的意思后，接下来便可讨论为什么衡量君子之德要以文质关系作为尺度。前文已分析，所谓"质"就是显明人之为人本性的那个原始的凭据。"质"包蕴着人性源于自然善好的内在结构与秩序，是人之为人的生命底色。

> 子夏问曰："'巧笑倩兮，美目盼兮，素以为绚兮。'何谓也？"子曰："绘事后素。"曰："礼后乎？"子曰："起予者商也！始可与言《诗》已矣。"（《论语·八佾》）
>
> 素，粉地，画之质也；绚，彩色，画之饰也。（《论语集注》）

---

① 吴小锋．古典诗教中的文质说探源［M］．上海：华东师范大学出版社，2016：31．
② 吴小锋．古典诗教中的文质说探源［M］．上海：华东师范大学出版社，2016：44．

列于"文学"科的子夏与孔子谈论诗。"你看那笑容，那美目为什么如此迷人呢？因为有天生丽质的底子啊！"孔子"绘事后素"的说法也就是意味着一切礼乐政教文章都得在人的自然生命底色的基础上适当地描绘与铺就。对于一幅画卷而言，如果不以"素"为基础，那描绘出来的就不成其为"绚"。对于个体发展而言，如果不以人的自然本性为依据，那教化的结果也不可能让个体人生获致美善与幸福。可见"质"所包蕴的是人的原始基因，是本质与内核。

近代法国启蒙思想家卢梭在其《爱弥儿》中开宗明义地说："出自造物主之手的东西，都是好的，而一到了人的手里，就全变坏了。"① 卢梭看到了人的自然天性中善好的一面，主张在儿童生命的初始阶段，应当以消极教育的方式来保护儿童自然天性中美善的种子，而不要过度地设计人为的教育。"卢梭的自然教育理念是要遵循个体发展的内在秩序，以自然甄定儿童发展的目标与序列，保持基于自然之上的优良德行，避免德行的败坏。"②卢梭所处的时代，是当时欧洲新兴商业文明上升的时代，尽管卢梭驳斥的是当时法国共和制政治家所主张的为适应商业文明而以新的道德风尚代替旧的道德风尚。但卢梭的自然主义教育思想仍然带有矫枉过正的激进："全能的上帝啊！你的手里掌握着人类的心灵，请把我们从我们祖先的那些知识与致命的艺术里面解救出来吧；请赐还给我们那种无知、无辜和贫穷吧，唯有这些东西才会使我们幸福，并且在你的面前也才是可贵的。"③ 卢梭把由祖先创造积累的文明传统看作对当下人类生活的致命的东西，把科学与艺术看作社会风俗败坏的原因，甚至主张要绝圣弃智，返回古朴无知的时代去找寻幸福。这无疑是在文明的枷锁中发出的激进的呐喊。

但是孔子并不把礼崩乐坏，人心涣散的时代窘况简单归因于文明演进所带来的必然结果。他提出的教化原则是既要呵护与保有人的自然天性中美善真淳的种子，让人性不至于遭到过度的文饰，走向机巧、狡猾与虚伪；

---

① 让－雅克·卢梭. 爱弥儿：第一卷［M］. 李平沤，译. 北京：商务印书馆，1978：5.
② 刘铁芳. 古典传统的回归与教养性教育的重建［M］. 北京：北京师范大学出版社，2010：71.
③ 让－雅克·卢梭. 论科学与艺术［M］. 何兆武，译. 上海：上海世纪出版集团，2007：58.

同时又要用人类文明积累而来的礼乐文教精神来调理、校正与甄定人的自然天性，让人性不至于偏向粗鄙任性，肆意妄为。总而言之，孔子的教育就是要依循着人的自然本性，让质与文的比例与结构臻于合理秩序，从而让个体的生命气象焕发出德性之光。

孔子在其教育方法中特别注重依循着弟子们的天赋秉性，来调校文与质的合理结构。比如前面提到的"闻斯行诸"章，子路与冉有同样问是否应该"闻斯行诸"，孔子对他们的回答截然不同：子路质胜文，于是孔子提醒子路要三思而行；冉有文胜质，生性懦弱，于是孔子鼓励他见义勇为。正是由于考虑到文与质在两人中的比例结构不同，孔子便给出了不同的回答，但其目的则是要让二者都能显现出"文质彬彬"的君子气象。

二、知仁勇："三达德"与个体整全人格的养成

促成人的全面发展，养成整全之人格从而获致幸福人生，这无疑是人类历史中亘古不变的对理想教育的期待。古希腊苏格拉底提出"知识即美德"，认为"不经考察的生活是不值得过的"①。柏拉图思索道德与幸福的关系，论证了"智慧、勇敢、节制、正义"四大主德构成人的完整的善，认为只有当人的灵魂遵循了四大德，才能显现人性的典范。② 亚里士多德形式化地论证了"至善"，即那种自在自为的，其他一切善都以它为目的的最高的善，认为"幸福是一种完全合乎德性的现实活动"③。十八世纪，康德提出"人类应该将其人性之全部自然禀赋，通过自己的努力逐步从自身中发挥出来"④。十九世纪，马克思提出了人的全面发展理论。总之，只要人类历史未终结，人类对教育与幸福的思考就不会终结。当下中国的教育话语把人的全面发展概括为德智体美劳五个方面素质的整全发展。从心理学视角而言，现代心理学理论把人的普遍心理过程分解为"认知""情感"

---

① 柏拉图. 柏拉图对话集 [M] 王太庆，译. 北京：商务印书馆，2004：50.
② 柏拉图. 理想国 [M]. 郭斌和，张竹明，译. 北京：商务印书馆，2009：132 – 176.
③ 亚里士多德. 尼各马科伦理学 [M]. 苗力田，译. 北京：中国人民大学出版社，2003：21.
④ 伊曼努尔·康德. 论教育学 [M]. 赵鹏，何兆武，译. 上海：上海世纪出版集团，2005：3.

"意志"（知、情、意）三个方面，并分别指向事实、价值与行为。"认知过程指人以感知、记忆、思维等形式反映客观事物的性质和联系的过程；情绪情感过程是人对客观事物的某种态度的体验；意志过程是人有意识地克服各种困难以达到一定目标的过程。三者有各自发生发展的过程，但并非完全独立，而是统一心理过程中的不同方面。"① 我们来粗略梳理一下西方哲学—文化语境中对理想人格表述的大致脉络，以便进一步认清中国古圣先贤致思整全人格养成的智慧，从而为当下中国的教育实践扩充一些思想资源。

事实上，历代以来中国的先哲们也从未停止过对理想人格的思考。特别是西周以来，统治者有鉴于殷商的灭亡，把君王个人的德性，以及治国理政事务中的政治德性摆在突出的位置，逐渐形成"皇天无亲，惟德是辅，民心无常，惟惠之怀"（《尚书·蔡仲之命》）等敬德保民思想，不仅如此，也强调老百姓的个体德性。

《尚书》《国语》《左传》等典籍中记载了孔子以前有关德政以及个体私德方面的大量论述。比如《逸周书·宝典解》提到九德：孝、悌、慈惠、忠恕、中正、恭逊、宽弘、温直、兼武；《国语·周语下》提到十一德：敬、忠、信、仁、义、知、勇、教、孝、惠、让。②

将知仁勇三者并举也常见诸先秦典籍。比如《国语·晋语·骊姬谮杀太子申生》曰"仁不怨君，知不重困，勇不逃死"；《国语·晋语·栾书发郤至之罪》曰"武人不乱，智人不诈，仁人不党"；《国语·晋语·悼公使韩穆子掌公族大》曰"今无忌，知不能匡君，使至于难，仁不能救，勇不能死，敢辱君朝，以忝韩宗，请退也"。

由此可见，在孔子之前西周社会已然对"德"展开了广泛讨论。分析起来，"德"有如下特征：其一，诸德并提，但每一项德性的具体内涵并没有阐述清楚；其二，诸德之间的关系与序列并不清楚，比如哪为主，哪为次；其三，知、仁、勇三德并提的时候主要针对的是具体情境，并未普遍

---

① 林崇德. 心理学大辞典 [M]. 上海：上海教育出版社，2003：1392.
② 陈来. 周文化与儒家思想的根源 [J]. 现代哲学，2019（3）：124.

化为每个人都应当遵循的君子之德。孔子在继承前代文明的基础上对诸德进行了深入的思考与整理，把"知""仁""勇"三者从诸德中提炼出来，认为是构成君子整全人格的三个构成性要素。

> 子曰："知者不惑，仁者不忧，勇者不惧。"（《论语·子罕》）
> 子曰："君子道者三，我无能焉：仁者不忧，知者不惑，勇者不惧。"子贡曰："夫子自道也。"（《论语·宪问》）

第一，知、仁、勇三者并不是平行关系。孔子的学说中仁是指个体的德性，并且是对人的全部德性的概括，是全德，包括孝悌忠信礼义廉耻等。仁统摄知、勇二者。知是指人的认识能力，勇是指人的行动能力。

第二，孔子之孙子思又把"知、仁、勇"概括为"三达德"，并沿着孔子以"仁"为核心的思路，把践履"三达德"的路径阐述清楚。

> 故君子不可以不修身；思修身，不可以不事亲；思事亲，不可以不知人；思知人，不可以不知天。天下之达道五，所以行之者三：曰君臣也，父子也，夫妇也，昆弟也，朋友之交也，五者天下之达道也。知，仁，勇，三者天下之达德也，所以行之者一也。或生而知之，或学而知之，或困而知之，及其知之，一也。或安而行之，或利而行之，或勉强而行之，及其成功，一也。子曰：好学近乎知，力行近乎仁，知耻近乎勇。知斯三者，则知所以修身；知所以修身，则知所以治人；知所以治人，则知所以治天下国家矣。（《礼记·中庸》）

由此可见，沿着孔子、子思的思路，个体要养成君子人格就应当在五项基本的人伦关系"五达道"中通过相互间的交往来知悉、体认、砥砺、坚守"三达德"。

第三，践履三达德并不止于个体养成君子之人格，而是由修己内圣而开出外王。由事亲而修身，由修身而治人，由治人而治国家、天下。

三、义之与比：个体之社会性的实现与超越

学界一般认为孔子重仁，孟子重义。其实孔子同样重义，孟子所重之义是对孔子所讲之义的进一步发挥。对于"义"的疏解，历代注家几乎没有分歧，就是合宜、恰当的意思，也就是说一个人立身处世要行人之为人所当行。按孔子儒家的观点言，一个人行事为人应当有君子风范。但"义"大概也是最为空洞的一个道德概念，它本身不包含任何内容。义的标准是什么？什么样的行为才符合义？如何成就义？从义本身找不到任何答案。但是我们可以试着从义的对立项去接近这个概念。义利之争是中国思想史上的一个重大命题，孔子最早把这个命题提了出来。

> 子曰："君子喻于义，小人喻于利。"（《论语·里仁》）

君子与小人之分殊有就德而言，有就位而言，此处是就德而言。这也就是说有德的君子首先要思考怎样行事为人才配得上德，小人则思考什么是有利的。这样一来，我们大致知道，孔子主张君子不应当作过多的利益考量，而应多作道德反思。西方伦理学语境中对于一个行为是否符合善（正义）的判断大致有两种不同的主张：一种主张判断一个行为是否善（正义）要依据这个行为所产生的效果，这一派被称为"目的论"；另一种则主张一个行为本身便具有善恶之分，对其善恶的判断不需要考量它所产生的后果，这一派被称为"形式论"或"义务论"。比如我们一般性地来谈论说谎，持前一种主张的认为如果说谎是为了达到一个善的目的，那么说谎就可以得到道德辩护，而义务论则认为任何时候说谎都是一种不道德的行为。从"君子喻于义，小人喻于利"来看，似乎孔子更倾向于"义务论"一派的观点。我们还可以从《论语》中找到更多证据：

> 子罕言利，与命，与仁。（《论语·子罕》）

尽管人们对此章后四个字的断句与意思有分歧（有认为子罕言利、命、仁三项；有认为子罕言利一项，"与"作"赞许"解，即赞许命、仁），但

子罕言利是确定无疑的，即孔子很少谈及"利"。从以上分析可知，孔子主张一名君子应当思考与反省自己行为本身是否符合正义的标准，也就是主张个体应当注重不断提升自我的道德直觉与道德判断，并身体力行践履德性。

> 子曰："君子义以为质，礼以行之，孙以出之，信以成之。君子哉！"（《论语·卫灵公》）

"义"作为对君子成德的要求虽然其本身没有现成的内容，但是意味着要求个体从实然朝向应然，从现实性朝向可能性开放与提升，也就是说现实社会当中的每一个个体都是尚未完成的，应当朝理想的样式去完善自己。"义"也就成了连接现实与理想的桥梁。

> 齐景公问政于孔子。孔子对曰："君君，臣臣，父父，子子。"公曰："善哉！信如君不君，臣不臣，父不父，子不子，虽有粟，吾得而食诸？"（《论语·颜渊》）

"君君，臣臣，父父，子子"不应当理解为君就是君，臣就是臣，父就是父，子就是子，君臣之间、父子之间是宰制与受制的关系，而应当理解为前一个"君"是现实的君，后一个"君"是理想的君，或者说前一个"君"是名词，后一个"君"是动词，即君就应当依照君的姿态行事。于是我们可以把"义"理解为对每一个社会成员的普遍要求，是宰制与受制的统一，也就是说君要像君，臣要像臣，父要像父，子要像子，君、臣、父、子以至社会中每一个角色，都应当各安其位，各行其是，各履其职，每一个个体均依照自身在社会当中的位序活出应有的样子。从这个意义而言，孔子的"正名"也就是要校正"义"的具体内涵，让空洞的"义"依凭实在的"名"，获得充实饱满而明确的名义与正义，从而让无序、失序重整为有序。

> 子路曰："卫君待子而为政，子将奚先？"子曰："必也正名乎！"
> 子路曰："有是哉，子之迂也！奚其正？"子曰："野哉，由也！君

子于其所不知，盖阙如也。名不正，则言不顺；言不顺，则事不成；事不成，则礼乐不兴；礼乐不兴，则刑罚不中；刑罚不中，则民无所措手足。故君子名之必可言也，言之必可行也。君子于其言，无所苟而已矣。"（《论语·子路》）

这一章有深刻复杂的背景。当时的卫君为卫出公卫辄，辄的父亲为蒯聩，蒯聩的父亲为卫灵公。祖孙三代的关系发生了严重的紊乱。卫灵公的夫人是南子，但并不是蒯聩的生母。蒯聩看不惯父亲与南子以及公子朝的淫乱关系，谋杀南子但未成功，于是投奔到卫国的敌对国晋国。由此，卫灵公与蒯聩断绝了父子关系。卫灵公死后蒯聩的儿子辄被立为卫君。这时蒯聩依靠晋国的实力率领一支军队打算复辟，在卫国的边境对卫国形成威胁，但蒯聩的儿子卫出公"以子拒父"。这时卫出公想请孔子来处理乱局。这真是一个复杂棘手的问题！"以子拒父"意味着卫出公违背孝的原则，但其理由却又是自己的父亲蒯聩先违背了孝，并且还叛国以投靠晋国。在这种复杂棘手的情状下，子路问孔子打算从何处入手解决。当然，历史上孔子并没有出仕卫国，也没有向卫君提出具体的方案，但是孔子提出了"正名"的原则。正名也就是要让"名"恢复到本应有的"义"的尺度中去，让君臣、父子的关系恢复到原本应有的秩序中。这样才能够名正而言顺，言顺而事成，礼乐刑罚才能发挥作用。此外应当注意，义又常常与勇、德联系在一起。我们今天也常常用到一个成语"见义勇为"，这个成语来源于孔子对这个命题的反说：

子曰："非其鬼而祭之，谄也。见义不为，无勇也。"（《论语·为政》）

前文提到三达德之勇，主要牵涉人的行动能力。也就是说对于君子的要求，不光是对自己的行为进行深入的道德判断，更重要的是道德判断后要付诸行动。子曰："德之不修，学之不讲，闻义不能徙，不善不能改，是吾忧也。"（《论语·述而》）修、讲、徙、改都是讲人的行动。子曰："君子之于天下也，无适也，无莫也，义之与比。"（《论语·里仁》）君子之于天下，无可无不可，没有不变的敌人，也没有永恒的友人。没有现成的、放之四海而皆准的尺度，凡事都要在具体的情状中以"义"的标准来衡量。此后，孟子对孔子之"义"进行了进一步阐述，比如孟子所讲的"大人者，言不必信，行不必果，惟义所在"（《孟子·离娄下》）与孔子此章所讲的有相似的道理。

"义"的尺度是如此的宽泛，以至于要动用知仁勇，仁义礼智信，孝悌忠信礼义廉耻，恭宽信敏惠，温良恭俭让……所有的道德智慧，在变动不居的具体情境中，适时适度去遵行。孔孟对"义"的思考与阐释演进为儒家的"经权"实践智慧，即既守经志道，又变通行权。任何时代的现实生活都是复杂的，孔子提供我们最重要的智慧，便是在丰富多样，变动不居的现实生活中，学会思考，学会判断，不断修养，不断完善，把握时机，经权抉择，从而促成个体之社会性的实现。此外，还应当进一步补充的是个体之社会性的实现并不意味着个体发展的最终完成，个体之社会性的实现本身还意味着基于个体独立性对现成社会习俗的超越，朝着更美好的理想社会而不断更新与完善。"个体道德发展总要经历前习俗阶段、习俗阶段与超习俗阶段，个体发展的过程总是要经历一个适应社会而后形成基于理性自律的独立自我，以此而达成对当下社会生活实际的必要超越。如果教育沦为单纯地适应社会，那么社会就无法更新。"[1] 孔子作为教育实践者与社会改革者所提出的"义"，既意味着个体之社会性的实现，同时也意味着个体对现成社会习俗的超越。

第二节 "愤启悱发"与"举一反三"作为教育的过程

尽管文献极为匮乏，但是我们从极为有限的材料中仍然可以大致了解到孔子之前的官学教育，主要是在固定的场所，在固定的时段，以授受—操习为主要形式的教育，负责实施教育活动的是官方的人员，接受教育的也是那些注定要依凭血统而承袭贵族地位的子弟们。但是，从孔子开始，

---

① 刘铁芳. 追寻生命的整全：个体成人的教育哲学阐释［M］. 北京：高等教育出版社，2017：415－416.

我们看见一种与以往完全不同的全新的教育。孔子的教育不囿于时间与地点，也不局限于某一类人群。他的教育向任何一位渴望受到启迪并有志于发扬自身德性的人开放。他与弟子们一道，在生活中可能出现的各类情境中展开真诚的交往对话，有时是面对一位弟子，有时是面对三五位。但是我们从文献中从来没有看到孔子以类似班级授课制的方式开展教学，也看不到孔子以教师的师道威严凌驾于弟子之上，强迫弟子信奉他的真理。相反，他总是以一种平易近人的姿态，尽量让弟子们处于一种轻松自由、畅快和谐的氛围中来畅叙自己的心志，言说自己的问题。他一边用心聆听每一位弟子的发言，仔细思考他们遇到的独特问题，思量着他们的独特个性，等待一个恰当的时机予以点拨，以此激发弟子们的理性自觉与生命自觉，让弟子们从自己的生活世界出发，发扬长处，克服缺点，不断完善自己，一点点改善现实世界。

一、不愤不启，不悱不发：启发作为教育实践的中心

平时我们一谈起孔子的教育智慧，首先想到的便是"启发"。《论语》中，孔门的教育对话让我们认识到"启发"的确是孔子教育实践中与众不同的独特之处。应当指出，"启发"在孔子的教育实践中，不仅作为一种教育方法、教育手段，启发还作为孔子教育实践的中心，已然超越了工具性，而提升为一种教育交往的生存方式。换言之，应当从存在论的视角来进一步认识孔子的"启发"，这一层意思有待下文深入阐述。

孔子的教育向每一位热切期待受启发的人开放，却拒绝对那些脑子不开窍的"下愚不移"之人反复引导。那么孔子所谓的启发究竟是什么，它有待什么条件，它在什么情况下才能够发生，这种教育活动包含哪些构成性要素，为什么能在教育对象的心灵中产生如此深刻且持久的影响，何种程度上的启发才算是成功的、完整的启发等问题还有待进一步澄清。我们仍然回到文本本身来看。

子曰："不愤不启，不悱不发。举一隅不以三隅反，则不复也。"（《论语·述而》）

这是中文语境中"启发"的源头,孔子的这一句教育箴言开启了教育领域历久弥新,常谈不休,也争论不休的话题。先对这一章《论语》作个简要的语言分析。

"不……不……"的结构意味着"愤""悱"是"启""发"的条件。那什么是"愤悱"?《皇侃义疏》解释:"愤,谓学者之心思义未得而愤愤然;悱,谓学者之口欲有所咨而未能宣,悱悱然。"朱熹《论语集注》解释:"愤者,心求通而未得之意。悱者,口欲言而未能之貌。"由此可知:第一,"愤悱"是个体所呈现的一种临界状态,心内求,口欲发,亟待实现却又尚未实现的临界状态。第二,主体的这种临界状态经历了前期自主而深入的酝酿与思考,因此蕴含着即将可能突破的态势。第三,因为愤悱的状态包孕最为切己的生存体验,同时也积蓄着个体强烈的欲求,所以一旦获得突破,则可能获得较深的觉悟与提升。职是之故,只有当教育对象置于"愤悱"的状态时,"启发"才有可能发生。接下来进一步分析孔子的"启发"所带来的教育意蕴。

"启发"的提出乃是基于孔子对人的认知能力与认知机制的深刻洞察。现代心理学认为认知能力是指人加工、储存和提取信息的能力,即人们对事物的构成、性能与他物的关系、发展的动力、发展方向以及基本规律的把握能力。它是人们成功完成活动最重要的心理条件。知觉、记忆、注意、思维和想象的能力都被认为是认知能力。[1] 我们从自身的生活经验出发不难体会到,唯有当我们对一事物发生兴趣,产生好奇的时候,我们的认知能力才被最充分地激活调动起来。这时,我们的知觉、记忆、注意、思维与想象等都处于最活跃的状态,也只有在这个状态时,我们对事物的认识最容易产生飞跃。反过来说,当我们对一事物毫无兴趣,漠不关心的时候,这时有人来和你讨论该事物,或者告诉你有关这个事物的方方面面情况,我们都会不耐烦,嫌聒噪。因此,孔子从来不会向没有"问题意识"的学生输灌现成的知识,因为孔子深知那样的教育是无效的。

"启发"意味着精微地关注教育对象的所欲所求。这种精微的关注依赖

---

[1] 卢乐山,陈会昌.中国学前教育百科全书·心理发展卷[M].沈阳:沈阳出版社,1995:121.

于师生间的亲熟关系，而这种亲熟关系并非基于一般普遍的人与人之关系，而是置身于具体情状中特殊的"你"与"我"的关系。从特殊的你我关系中得来的也不是放之四海而皆准的普遍原则，而是切中特殊对象于具体情状中的所欲所求。因此，从某种意义而言，启发永远不可复制与还原。只有在面对"这个人"的"这一霎"，启发所彰显的真理方现身，而换了另一个情境，就不是同一回事了。倘若我们不理解这一点，我们便难以理解为什么孔子就同一问题对不同的对象或是面对同一对象在不同的情境中会有不同的回答。

"启发"是在等待并捕捉最有效的教育时机，因此他意味着一种节制与审慎的教育态度。前面谈到，启发是有条件的，不具备这种条件，或条件尚未充分时，启发就不会发生。唯有审时度势，等待时机，当主体从自我的生存体验出发，经历了反复思考与充分酝酿，在即将突破又尚未突破的那个临界状态，启发才得以可能。这就提示教育者应当节制自己的言行举止，避免教育行为的随意性，避免替代或过度干预教育对象的自主思考从而抑制其主体性的发挥。孔子以这种节制审慎的教育姿态行教，也曾一度担心被弟子们误以为老师有所保留。

> 子曰："二三子以我为隐乎？吾无隐乎尔。吾无行而不与二三子者，是丘也。"（《论语·述而》）

"当我不言、慎言的时候并不是向诸位有所保留啊，我没有一项行事举止不是与你们同在一起啊，这个真实的我就展现在你们面前啊。"由此我们可以深切体会到孔子的启发并不仅仅是一种教育方法、教育手段，而且还有更深一层的意蕴。

这便是最后要谈的，孔子的"启发"展现为一个生动的教育过程，启发本身成为目的。从存在论的角度而言，启发本身就是师徒双方同在一起的交往方式与交往过程，对方有所欲求的未知领域也在自己的世界里得以延伸。因而孔子说"吾无行而不与二三子者"。他始终与弟子们在一起，对弟子们的问题有切身的关切和感受，由此而引导弟子们从切己的生存体验与生存境域出发，依靠自己的主体性力量由已知向未知扩充，由现实性向可能性跨越。这个过程中，没有现成的授受关系，不是简单的知识传递，而是依靠双方在同一境域中的交往对话，生成而展现出属己的真理性认识。正如加拿大教育学者马克斯·范梅南教授在他的名著《教学机智》中所指出的那样："担负着教育年轻一代任务的教师们应当知道他们教授什么，并且应当为他们共享的世界和传统肩负起责任。而且他们应该知道如何将这个世界传给年轻的一代，让儿童使这个世界成为他们自己的世界。"①

二、举一反三：知识与技能的迁移中扩充经验与理性

上文已分析，所谓"启发"其实就是促成学生对"愤悱"状态的突破。进一步问，学生的心灵对某一事物已然处于"愤悱"的状态了，教师把握到这一时机，并且"开其意，达其辞"，学生对某一具体事物心求通了，口能言了，那截至此时"启发"是否算是完成了呢？孔子的话语提示我们，这时候"启发"作为教育过程仍然没有完成，还有待"举一隅而以三隅反"的检验。

我们所赖以生存的世界是无限的，而个体生命却被有限性规定。个体生命不可能经验生活世界中每一种可能的情境，那如何引导有限的生命个体充满信心地朝向世界的无限呢？"举一反三"的教育意蕴便是要引导学生去洞察事物之间的关联性，在审视、理解单一事物的进程中，学会知识、技能的迁移。

现代教育心理学中有一"学习迁移"理论，该理论主要讨论学生在一种教育情境中的学习影响到他在其他情境中的学习。德国著名的哲学家、官能心理学创立者沃尔夫认为人类的心灵是由"意志""记忆""思维"等官能组成，各种官能可以通过练习得以增强。学习的迁移就是心灵官能受到反复的训练而自动发展的结果，即通过在某种具体情境中的学习，使其心灵官能得到训练，从而转移到在其他情境中的学习上去，使各类情境中的学习变得更为容易。美国心理学家贾德认为，不同学习情境中共同的构成性要素仅仅是产生学习迁移的必要条件，但还不充分。产生学习迁移的

---

① 马克斯·范梅南. 教学机智——教育智慧的意蕴［M］. 李树英，译. 北京：教育科学出版社，2001：12.

核心要件是学习者能在不同学习活动中总结提炼并概括出它们之间的共同原理，使已有的经验得以类化扩充。孔子所提出的"举一反三"正是强调应当引导学习者通过对"一隅"之观察、理解、提炼与概括，触类旁通至其他"三隅"，从而使此番情境中的学习关联影响到其他情境中的学习中去。我们再回到《论语》中来看孔子是如何引导弟子子贡"举一反三"的。

> 子贡曰："贫而无谄，富而无骄，何如？"子曰："可也。未若贫而乐，富而好礼者也。"子贡曰："《诗》云'如切如磋，如琢如磨'，其斯之谓与？"子曰："赐也，始可与言《诗》已矣！告诸往而知来者。"（《论语·学而》）

这里师徒两人对话所开启的由"无谄无骄"到"乐道好礼"，意味着个体德性修养由消极到积极，由"尚可"向更高境界提升的过程。当孔子与子贡在谈论君子德性修养之径的时候，子贡联想到《诗经》中的句子"如切如磋，如琢如磨"，又由此而联想到现实生活中治牙骨、玉石的活动，治牙骨者，切了还要磋，使其更为平滑；治玉石者，琢了还要磨，使其愈加细腻。这些工匠在治器物时显现的精益求精的精神就如同君子砥砺德性一般，需经由反复不断修炼，方能向更高境界提升。大概孔子在之前的诗教中并未阐发这一层意思，而子贡却能从此时的对话情境中联想到诗的更多意蕴，于是孔子赞许他"告往知来"。我们还可以从另一段孔子与子贡的对话中获悉孔门师徒是如何注重"举一反三"的。

> 子谓子贡曰："女与回也孰愈？"对曰："赐也何敢望回？回也闻一以知十，赐也闻一以知二。"子曰："弗如也！吾与女弗如也。"（《论语·公冶长》）

子贡禀赋极高，他与颜回都是孔子最得意的弟子。但是当孔子问他与颜回谁更厉害的时候，子贡谦虚地回答，颜回比自己厉害得多，因为颜回能够由一具体事物出发而通达整全。孔子赞许子贡的回答，甚至也谦虚地认为在"学习迁移"功夫上自己也比不上颜回。

由此可见，完整意义上的启发，还有待引导学生举一反三，告往知来，由此及彼，闻一知十。唯有当学生能够审度事物之间的关联性，借此主动改造、扩充、提升已有的经验与理性，并能在不断展开着的新的情境中发挥自如的时候，启发才算在真正意义上得以完成。

第三节　毋意毋必毋固毋我：
具体情境中灵活开放的教育方法

两千多年来，古今中外的研究者想要真正理解孔子是多么的难！哪怕是孔子最得意的弟子颜渊也对老师概叹"瞻之在前，忽焉在后，虽欲从之，末由也已"，夫子循循然善诱人，但是想要追随夫子的步伐，却怎么也不得门径。因为孔子的思想—话语体系中从来没有凝固不变的普遍原则，他所有的智慧全都是依据具体情境来言说的。我们通读《论语》，孔子谈到其核心思想"仁"的时候，没有一处是相同的。孔子作为师者所秉持的教育方法，也同样是不执著于任何固定现成的教条，他始终在具体情境中以灵活开放的方式来彰显其教育智慧。

一、天何言哉：回到意义生发的原初境域

在上一节，我们谈及了孔子的"启发"，其中有个关键的要素还有待进一步阐释，即在教育对话情境中孔子对语言的审慎与节制。我们先来看这一章。

　　　　子曰："予欲无言。"子贡曰："子如不言，则小子何述焉？"子曰："天何言哉？四时行焉，百物生焉。天何言哉？"（《论语·阳货》）

《论语》当中很多对话的具体语境我们无从考证。孔子对弟子明确地说："我打算不再说了。"列于孔门"言语科"的高足子贡便急了："老师不说了，那我们弟子如何传承您的道呢？"对此章"子欲无言"，梁代的皇侃

解释为"孔子忿世不用其言，其言为益之少，故欲无所复言也"。① 从子贡的追问以及孔子接下来的对答看，孔子这里的"言"所指向的绝不是自己的现实政治主张。此处皇侃并未深入到孔子这种无言之教的语境中，因此对孔子的教育智慧产生了很大误解。《论语》中很多对话都体现了孔子少言、罕言、讷言、慎言、微言、不言等对语言的节制。朱熹《论语集注》曰："学者多以语言观圣人，而不察其天理流行之实，有不待言而著者，是以徒得其言而不得其所以言，故夫子发此以警之。"朱熹的说法比皇侃稍稍让人满意，但也有明显的不足。即便得圣人之"所以言"，所得的仍然是"言"。事实上，在任何时代，一个人对另一个人的心悦诚服的尊崇绝不会仅仅凭靠人的语言，所谓"言传身教"，言之所以有效，是因为传达了身体力行的信息。因此，产生教化意义的关键要素"与其在言，毋宁在身"。言传身教揭示的便是这个道理。因此朱熹对此章的解读仍然没有切中要害。要理解孔子"予欲无言"的要义，首先得探究一番孔子对"言"的思考，以及在教育情境中孔子"言"的方式。这里至少有三对关系值得注意。

其一是言与行的关系，这反映的是个体性私德问题。如果一个人的言语与其行为不能在德性中达成统一，那就不是君子。

> 子贡问君子。子曰："先行其言而后从之。"（《论语·为政》）
> 子曰："古者言之不出，耻躬之不逮也。"（《论语·里仁》）
> 子曰："君子欲讷于言而敏于行。"（《论语·里仁》）
> 子曰："始吾于人也，听其言而信其行；今吾于人也，听其言而观其行。于予与改是。"（《论语·公冶长》）

其二是言与名的关系，这涉及社会公义的问题。名指向符合正义的社会公共秩序与法则，因此只有在"名"的框架内来言，才能掷地有声，发挥功效。

> 子路曰："卫君待子而为政，子将奚先？"子曰："必也正名乎！"

---

① 黄怀信. 论语汇校集释：下册 [M]. 上海：上海古籍出版社，2008：1575.

子路曰："有是哉，子之迂也！奚其正？"子曰："野哉，由也！君子于其所不知，盖阙如也。名不正，则言不顺；言不顺，则事不成；事不成，则礼乐不兴；礼乐不兴，则刑罚不中；刑罚不中，则民无所措手足。故君子名之必可言也，言之必可行也。君子于其言，无所苟而已矣。"（《论语·子路》）

以上所列"言与行""言与名"两对关系涉及孔子对言语的思考，但这还不是孔子启发式教育的关键要素。下面着重分析言与意的关系，因为这对关系或许能将孔子教育话语的智慧更充分地展现出来。

所谓"言与意"的关系，有似于结构语言学提出的"能指"与"所指"的关系，也就是语言作为符号与它指示的对象之间的关系。孔子对"言"所能承担的"意"表示出一种高度的谨慎态度。"意"是指意义生发的原初境域。在这个原初的境域中个体通过其开展的知行活动而对世界，对自我的生存境域有所领会。而这种领会须待个体身临其境地去体验才能获得。对于抽象的、形而上的观念，任何言说、描述、界定、解释、概括都不可避免地对原发意义产生了偏差、脱落或遗漏。因此，他者的言说永远替代不了自我的亲自体验与领会。在这种情况下，语言要成为原初意义的承担者已然不能胜任了。因此孔子启发弟子对原初意义的领会有两种方式。

一是不言。比如子贡曰："夫子之文章，可得而闻也；夫子之言性与天道，不可得而闻也。"（《论语·公冶长》）一方面，孔子对性与天道这种极高深宏阔的观念采取不言的态度。但是不言并非意味着在孔子的教化活动中不触及这些形而上的观念内容。子贡只是说孔子引导弟子对性与天道这类宏阔抽象观念的领悟并不是以话语言说、论辩的方式展开的，而是换之以其他非话语的方式来体悟。其要点是让弟子们通过自我的生存体验自行领会。另一方面，孔子的不言有时又表现为暂时不言或不急着言，而要等时机到了的时候才言，也就是当弟子心愤口悱的时候，对意义的原初境域已先行有切身体会的时刻才言。

子贡曰："贫而无谄，富而无骄，何如？"子曰："可也。未若贫而乐，富而好礼者也。"子贡曰："《诗》云'如切如磋，如琢如磨'，其斯之谓与？"子曰："赐也，始可与言《诗》已矣，告诸往而知来者。"（《论语·学而》）

子夏问曰："'巧笑倩兮，美目盼兮，素以为绚兮。'何谓也？"子曰："绘事后素。"曰："礼后乎？"子曰："起予者商也！始可与言《诗》已矣。"（《论语·八佾》）

子贡与子夏均对诗的理解达到了一定程度，均能在自我的生存体验中触及诗的原初真意，并将其迁移至日常生活境域中。因此只有到了这个时机孔子才开始与他们谈论诗。除此以外，孔子引导弟子对原初意义的领会还有另一种方式，即"近取譬"的言说方式，也就是引导个体将日常生活中可直接体验的亲熟的情境迁移至当下的语境中，从而逼近意义的源头。这种方式在孔子诗教中体现得最为充分。

二、诗可以兴：回到个体体验的原初境域

在孔子看来，诗歌可以引导个体心灵回到对世界的原初领会中，也就是回到属己的本真生命体验中。要弄清这个意思，首先要弄清楚中国古人是如何理解诗的。

东汉郑玄《诗谱序》曰："诗之兴也，谅不于上皇之世。"（《毛诗正义·诗谱序》）郑玄料想在远古蒙昧时期大概不会有诗歌的兴起。传说中的伏羲时代为上皇之世，彼时，人类社会尚处于民智未开的混沌时期。这时，人类的生活停留在自然肉身的感性状态，人类的心智对周遭世界之于个体的生存意义尚未有充分的自觉。因此，对外在世界的感受缺乏心灵与精神层面的激荡，不足以兴起诗歌。唐代的孔颖达对此疏解曰：

上皇之时，举代淳朴，田渔而食，与物未殊。居上者设言而莫违，在下者群居而不乱，未有礼义之教，刑罚之威，为善则莫知其善，为恶则莫知其恶，其心既无所感，其志有何可言？故知尔时未有诗咏。（《毛诗正义·诗谱序》）

"与物未殊"也就是意味着人的自我意识还没有从个体生存的周遭世界中区分开来，物我浑然一体。既然没有善与恶、美与丑的意识，也就既没有因道德困境、情理冲突、灵欲纠葛所带来的心灵激荡，也难有美不胜收、心旷神怡、怡然自得的美感愉悦，自然也就没有发而为言语的诗意冲动。可见，古人认为诗歌的发生，在于人之为人的自我意识觉醒的那一刻。

而一旦人的自我意识被唤醒，人所看待周遭世界的眼光随即发生转变，人不仅将自我与周遭世界区分开来，更思考周遭世界对自我生命的意义问题，被这种原始的生命冲动激活而渗透着对生命意义之哲思的意识，外发为言语就成了最原始的诗歌。因此诗歌的话语方式，超越于日常的生活话语，他一开始便是携着人的生命整体性而来。

> 关关雎鸠，在河之洲。窈窕淑女，君子好逑。（《诗经·周南·关雎》）

诗人举目之所及，信手拈来，此景内蕴着诗人情爱之所系。所以这种诗歌的话语浸润着诗人的生命整体感受。

> 采采芣苢，薄言采之。采采芣苢，薄言有之。
> 采采芣苢，薄言掇之。采采芣苢，薄言捋之。
> 采采芣苢，薄言袺之。采采芣苢，薄言襭之。
>
> （《诗经·周南·芣苢》）

芣苢又名"车前子"，是一种草药，古人认为这种草药能有益于妇女怀孕生子。这首诗不断地回环反复，仅仅变换几个采摘的细微动作，凭借诗歌本身节律而让妇女们采草药欢愉而生动的场景一下子如在眼前，颇具感染力。清代方玉润对此诗评论道："读者试平心静气，涵泳此诗，恍听田家妇女，三三五五，于平原绣野、风和日丽中群歌互答，余音袅袅，若远若近，忽断忽续，不知其情之何以移而神之何以旷。"① 诗经中这类质朴的劳

---

① 方玉润. 诗经原始：上册 ［M］. 李先耕，校. 北京：中华书局，1986：85.

动场景诗歌还很多，为什么这么几个简单重复的句子便能让人情为之移而神为之旷呢？诗歌把这种内蕴着诗人情感的画面带入读者的心灵中，让读者的心灵向美善事物而敞开。

"'在东方，诞生、滋养和抚养是唯一的事情'。这是诗人海子在其《但是水、水》中的诗句。它默默地'契入寂静而内含的东方精神'。作为诗人的海子把诗理解为对实体的触摸，他试图'以诗的方式'，'走向我们民族的心灵深处，揭开黄色的皮肤，看一看古老的沉淀着流水和暗红色血块的心脏，看一看河流的含沙量和冲击力'，'希望能找到对土地和河流——这些巨大物质实体的触摸方式'。"① "对实体的触摸"（注意是"触摸"而不是"思辨"），也就是基于身体感受的方式对周遭世界之于个体生命意义的整全性领悟。"诞生、滋养和抚养"意味着个体生命的完整过程，他从水中看到的，感受到的已然不是水本身，而是体验到水与生命的关联，并从这种关联中去领悟内含着的东方精神，去体贴这个民族共同体每一个成员所共同分享着的民族精神内蕴，由个体走向群体，进而走向民族共同体。换言之，他以诗歌的方式让个体心灵通达人类的族群。这也就是孔子诗教中"兴观群怨"之"群"的意涵。

> 子曰："小子何莫学夫《诗》？《诗》可以兴，可以观，可以群，可以怨。迩之事父，远之事君，多识于鸟兽草木之名。"（《论语·阳货》）

兴、观、群、怨的诗教意蕴也即由个体而群体，由近及远敦风化俗教化进路。正因为孔子看到诗歌能引领个体心灵回到对世界的原初领会，并由切己的生存体验出发通向人类生存的普遍性，所以孔子非常看重诗歌的教化功能。

孔子对诗的理解牵涉着他看待宇宙人生的独特方式，也深刻影响了儒家教化思想的独特性。这种独特的方式当然与中华文明夏商周三代的传统有关。孔子上承三代尤其是西周礼乐文化，创造性地开创了儒家文化新统，这个过程中孔子的诗教观念和他独特的诗教实践活动对教化个体心灵，乃

---

① 陈赟. 中庸的思想 [M]. 杭州：浙江大学出版社，2017：1.

至塑造中华民族的文化心理结构起着非常重要的作用。

承续中华三代文明的孔子与古希腊先哲们看待宇宙人生的方式迥异其趣。希腊先哲们倾心于以抽象思辨的方式在观念中来把握世界的本源，而孔子则认为宇宙人生的真理只能在具体生动的现实世界中依循现象与事件本身的显现而获得领悟。赫拉克利特认为火是世界的本源，"世界是一团永恒的活火，在一定尺度上燃烧，在一定尺度上熄灭"。在赫拉克利特看来世界中万物的生灭变化有如火一样，这种看待世界的眼光无疑是将世界从具体的现象中抽离出来，将其放在人的纯粹观念之中来把握。比较赫拉克利特的这句名言与孔子的"逝者如斯夫，不舍昼夜"（《论语·子罕》），两者意蕴完全不同。火的燃烧与世界万物生灭流变并没有直观上的相似性，只能在人的观念中将两者联系起来，而孔子看到河水的流淌，想到时间的流逝。显然，河水流淌与时间流逝这两者在直观上就容易促成人们的联想。柏拉图认为，现实是理式的摹本，而艺术品则是现实的摹本，因此艺术品（比如画、诗歌）隔了真理两层。为了保证真理的纯粹性，苏格拉底主张要把诗人赶出理想国："到此，我们已经可以把诗人捉住，把他和画家放在并排了。这是很公正的。因为像画家一样，诗人的创作是真实性很低的；因为像画家一样，他的创作是和心灵的低贱部分打交道的。因此我们完全有理由拒绝让诗人进入治理良好的城邦。因为他的作用在于激励、培育和加强心灵的低贱部分，毁坏理性部分，就像在一个城邦里把政治权力交给坏人，让他们去危害好人一样。"① 柏拉图对此也表示认同。

可见，古希腊的先哲们认为现象世界是不稳定的，靠不住的，只有在观念中把握的世界才是最可靠的世界，才是对实体的真正把握。但自古希腊先哲们二千多年后，海德格尔则批判这种西方形而上学传统以及由此传统而推演出的近代自然科学的方式。由于跳过了真正的世界现象，因此从根子上携带有某种使世界"去世界化"的倾向。"此在只有在它的在世的一定样式中才能揭示这种意义上的作为自然的存在者。这一认识（指自然科学的认识）具有某种使世界异世界化的性质。自然作为在世界之内照面的某些特定存在者的诸存在结构在范畴上的总和，绝不能使世界之为世界得

---

① 柏拉图. 理想国 ［M］. 郭斌和，张竹明，译. 北京：商务印书馆，2009：404.

到理解。"① 这意味着，只有当人带着自我生存体验去认识世界的时候，才能获得真理性的领悟。当人以一种超脱于世界之外而对象化的静观思辨方式去理解世界的时候，实际上却是将真实的世界"去世界化"了。

反观孔子哲思的独特高明之处，便是认为真理只能在现实具体的情境中来把握，他的诗教观则恰恰是将对世界的领悟保留在真实的世界之中。与柏拉图欲将诗人赶出理想国形成鲜明对比，孔子恰恰认为诗歌所显现的真理性才是较高的。

> 子曰："《诗》三百，一言以蔽之，曰'思无邪'。"（《论语·为政》）

朱熹《论语集注》中提及，"程子曰：思无邪者，诚也"。用一句话来概括《诗经》，那就是真诚无伪。诗歌是诗人的身心向世界而敞开所获得的真情实感，是身心生动参与世界之中的真实领悟，所以才有"思无邪"。正是基于这样的认识，孔子与柏拉图对诗歌的教化意义有着截然相反的观点：孔子恰恰认为诗歌的创作与体验是与人类心灵最高贵而又最真实的部分打交道，因此诗歌最能感化人心，敦风化俗，匡救现实。

三、叩其两端而竭：居间叩问引发的意义获致

本书第二章对孔子"入太庙每事问"进行了一些分析，并提到张祥龙先生的解读："问"是介于"已知"与"未知"的一个居间状态。孔子的教育精髓"启发"，从过程而言，实际上也就是要通过叩问问题两端的方式，让发问者的心灵始终保持在问（已知与未知）的居间状态中，换言之就是让问题本身成为通达真理的道路与牵引。为了进一步弄明白孔子的"启发"，我们不妨仍然回到《论语》的这一章来看。

> 子曰："吾有知乎哉？无知也。有鄙夫问于我，空空如也，我叩其

---

① 马丁·海德格尔. 存在与时间［M］. 修订译本. 陈嘉映，王庆节，译. 北京：生活·读书·新知三联书店，2006：77.

两端而竭焉。"(《论语·子罕》)

孔子首先用一个自问自答的"设问"来敞开他的教育智慧。"我有知识（上文的'知'不应理解为'智慧'）吗?""没有呀!"可是在别人看来，孔子"生而知之""天纵之圣又多能"。在别人看来，孔子的知识储备宏富而渊博，又会各种的技艺，因此弟子从者甚众。但孔子明确地说他没有知识。换言之，孔子解释他之所以让别人觉得自己有知识，凭靠的并不是他已然具备的现成的知识储备。那究竟是什么让孔子在时人的印象里那么渊博又有智慧呢? 在分析这个问题之前，我们不妨首先辨析一下前人几种有代表性的解说。

先看梁代皇侃的理解："知，谓有私意于其间之知也。"① 对于孔子自云"无知也"，皇侃认为是不夹带任何"私意"的知。孔子那么渊博怎么能说自己无知呢? 因此圣人所谓"无知"应当是不夹带个人情感的知。这种解释显然很牵强，事实上，从孔子和弟子的教育对话中，我们经常可以看到孔子个人情感的真切流露，这种"私意"不仅不妨碍对话双方朝向真理，反而是更助益于双方获得最切己的领会。从某种意义而言，孔子的教育智慧不同于西方圣哲的独特之处恰恰是融情入境，情境化人。

接下来皇侃对"叩其两端而竭"解释道："言虽复鄙夫，而心虚空来问于我，我亦无隐，不以用知处之，故即为其发事终始，竭尽我诚也，即是'无必'也。"他又引李充"日月照临，不为愚智易光，圣人善诱，不为贤鄙异教"②，可见，皇侃始终认为孔子是把自己的"知"隐藏起来，而佯装"不知"，从而凸显圣人之可敬的"诚"的姿态，即不论受教对象的资质如何，均竭诚相待。这种解释可谓进一步偏离了孔子的原意，将孔子的教育智慧进一步狭隘化。沿着这个解释的路子，后儒有了进一步发挥，我们再分别看北宋邢昺与南宋朱熹的解释：

---

① 黄怀信. 论语汇校集释：上册［M］. 上海：上海古籍出版社，2008：773.
② 黄怀信. 论语汇校集释：上册［M］. 上海：上海古籍出版社，2008：773.

　　此章言孔子教人必尽其诚也。①

　　孔子谦言己无知识，但其告人，虽于至愚，不敢不尽耳。②

　　可见皇侃、邢昺以至朱熹都把"空空如也"当成了圣人的自谦之词，又把一个关键的"竭"字解释成孔子对发问者的态度："竭己之诚"。也就是说即便是面对粗浅的鄙夫，孔子仍然把自己已然具备的知识毫无保留地和盘托出，彰显了圣人"有教无类"的教育情怀。经这种解释，孔子丰盈灵动而又深入对象心灵的教学智慧变得贫乏了，"叩其两端"这种极具孔子独特风格的教育意蕴也被遮蔽了。那究竟应当如何理解"空空如也"与"叩其两端"呢？

　　仍然回到"问"。问是《论语》呈现给我们最生动活泼的场景，孔子、弟子、时人都在不断地问。作为答问者的孔子，也是非常审慎又不失时机地来应对问。正如《礼记·学记》所云："善待问者如撞钟，叩之以小者则小鸣，叩之以大者则大鸣，待其从容，然后尽其声。"

　　张祥龙先生对这个"问"字的见解颇值得寻味："'问'字，就像这个字的字形本身所显示的，和门有关系，和中间有关系，在两端之间，知与不知之间，如门一般开合不定，而且就凭借这种知又不知的摆荡来达到更深入的，甚至是全新的领会和认同。"③ 沿着这个思路我们再来看"空空如也"。"空"即意味着孔子与发问者共同处于"已知"与"未知"的居间状态。于是"空"就成了通道，只有"空"才能担保从发问本身出发去显露真理。如果将现成的知识直接告知发问者，则是对通向真理之途的阻塞。有了通路，孔子复以"叩两端"的方式与发问者携其问而共同朝向真理。倘若你自认已知，便揭示你的未知；倘若你自觉匮乏，便点拨你充实；倘若你只知起始，便激发你追问末尾；倘若你知其正面，则启发你思考反面；倘若你追问过往，则提示你放眼将来……也就是在这种正面与反面，知与不知，交错对举的居间状态中，通过对事物两端的叩问，不断地"搅动人

---

① 黄怀信. 论语汇校集释：上册［M］. 上海：上海古籍出版社，2008：773.
② 黄怀信. 论语汇校集释：上册［M］. 上海：上海古籍出版社，2008：773.
③ 张祥龙. 孔子的现象学阐释九讲——礼乐人生与哲理［M］. 上海：华东师范大学出版社，2009：26.

的灵魂"①，让人的心灵发生转向，从而一步步引领发问者朝向事物的原初真意。于是"发问"便成了"问发"，由"问"而"发"也就是让发问者依靠自身的"问"生成属己的真理。

孔子最得意的弟子颜回对这种生命状态体会最深：

> 颜渊喟然叹曰："仰之弥高，钻之弥坚，瞻之在前，忽焉在后。夫子循循然善诱人，博我以文，约我以礼，欲罢不能。既竭吾才，如有所立卓尔。虽欲从之，末由也已。"（《论语·子罕》）

你越仰望，越觉崇高；你越钻研，越觉得艰深；一下子在前，一下子又在后；一下博文，一下又约礼；一下感觉自己有所建树了，一下又感觉前路迷茫。孔子就是让人在这种一下又一下地来回摆荡中，源源不断地从自身的发问中当场生发出无穷的意蕴来，从自我的生命体验与切己的生存思考出发，由现成性不断地朝向可能性，激活人欲罢不能的生命活力与思想的图景。这种由启发而获得真理的生命状态，也就是让人的心灵享受到极大的愉悦与充实感的生命体验。所以颜回能够在他人不堪忍受的极其艰苦的生存条件下，仍然不改其"乐"。

小 结

从教化的目的而言，孔子明确提出"君子不器"，即人应当超越仅仅作为懂得礼乐技艺的工具性存在而将自我德性的树立视为人生的目的。孔子强调，要通过礼乐精神来发扬人的内在德性，从而通达人格的最高理想境界：至善。衡量君子有三个重要维度的考量。其一，就个体内在品质结构而言，君子意味着"文质彬彬"，亦即人的自然天性与后天人文教养达至一个和谐的状态。其二，就个体与他者的人伦关系而言，个体成德所由之路

---

① 刘铁芳. 追寻生命的整全：个体成人的教育哲学阐释［M］. 北京：高等教育出版社，2017：360.

有"五达道"，即在君臣、父子、夫妻、兄弟、朋友这五项基本的人伦关系中不断砥砺知、仁、勇"三达德"。其三，就人所处的广泛的社会关系而言，所谓君子意味着其行为举止以及一切的人生选择都要像一名君子。用通俗的话来讲，即君子要有君子的样子，符合这条标准被称为"义"。

从教育实践的过程而言，着重分析了孔子的"启发"。第一，启发依赖于师生间的亲熟关系。从亲熟关系中得来的不是放之四海而皆准的普遍原则，而是切中特殊对象于具体情状中的所欲所求。第二，启发只有在"愤悱"的情状下才能发生。第三，启发还有待"举一隅而以三隅反"的检验，即引导个体去洞察事物之间的关联性，在审视、理解单一事物的进程中学会知识、技能的迁移。

孔子从来不执着于某一现成的教条，总是于具体情境中灵活开放地开展其独特的教育实践，尤其表现为对教育话语的审慎与节制，即对言说时机的把握。孔子以诗教兴发的方式引导个体回到对世界的原初领会，以叩其两端而竭的"居间叩问"方式引发个体对真理的切己领会。

结 语

> 观仲尼庙堂车服礼器，诸生以时习礼其家，余只回留之不能去云。天下君王至于贤人众矣，当时则荣，没则已焉！孔子布衣，传十余世，学者宗之。自天子王侯，中国言六艺者折中于夫子，可谓至圣矣！
>
> ——《史记·孔子世家》

传统社会，中国人将"天、地、君、亲、师"并列。在中国人的内在精神世界，作为理想范型之"师"，所敞开的是中国人栖居天—地、家—国之间所展现的整体性的生存视域。在这一视域中师者贯通天地，联结家国，将个体赖以生存的现实生活世界与内在精神世界整合提升为一个让人诗意栖居的文明世界。师者"把生活世界中的每一角落与细节上升为'教'的高度，又向一切形式的'学'开放其自身"①。作为理想范型之"师"是中国文化—生命的承担者、开启者、引导者与化育者，师者在中国这片土地上，促成个体从自身的禀赋中涵养生成中国人的生命内涵与精神气象，由每一个个体所显现的中国人的生命品格又共同构成了人类文明史上延绵数千年且独此一家、从未中断的中国文化气象。孔子被尊称为"至圣先师""万世师表"，这意味着在中国人的意识里，孔子集中显现了理想范型之师的内在精神。我们今天重新来思考孔子的教化之道及其蕴涵，意在为了激活当下教育实践的深度自觉，唤起人们像孔子一样不断地去思考更好教育的可能性。

---

① 陈赟. 中庸的思想［M］. 杭州：浙江大学出版社，2017：4.

一、慎思笃行：孔子教化之道的基本维度

人类社会每一个文明体都在其发展演进中形成了自身独特的传统与精神内蕴。中国作为具有五千年悠久历史的文明古国，诞生了以孔子为代表的一批具有中华文明特色的师者典范。我们提出孔子"教化之道"，以此来整体性地概括孔子所彰显的具有中国古典教化之独特性的一套自成体系的教育思想与行动及其内蕴的教化精神。概而言之，孔子教化之道包含"思"与"行"两个基本维度。

子曰："学而不思则罔，思而不学则殆。"（《论语·为政》）

孔子将"思"与"学"对举，亦即道出了他所理解的思考与实践之关系及其所显现的完整意义的成人之道。未经思考的行动让人陷入迷惘，未经行动的思考让人陷入困境。思与行如车之两轮、人之双足，偏废其一则不能行走于真理之道。孔子不像西方哲学语境中的思辨家，尽管他也从未停止思考人类生存处境的根本性问题，但不同的是，孔子毕生都通过行动来彰显他的思考，以全部的生命投入来施展其教化。

（一）弥合天人之道：慎思个体生存之根本问题

"人生天地间，忽如远行客"①，人活在宇宙天地之中，天地宇宙构成个体生存的根本性境域。就个体成人而言，教育的根本问题便是教人如何在天地宇宙之中堂堂正正、自信踏实地做人。孔子起兴私教着眼于个体完整成人，思考个体生存处境的根本问题，即如何弥合天人之道，如何引导个体在现实世界中证悟自我生命的意义与价值，填实天地宇宙之间个体生存境域之虚无。

天道远，人道迩，非所及也，何以知之。（《左传·昭公十八年》）

---

① 马茂元. 古诗十九首初探［M］. 北京：商务印书馆，2017：60.

从郑国杰出政治家子产的这句名言我们可以获悉，在孔子所生活的时代，天道已远。这意味着人的内在灵魂发生了转向，由原来于天、地、人三者的关系视域中以天道甄定人道转向仅仅关注世俗生活本身。在尧、舜、禹、汤、文、武、周公所一脉相承的礼乐文明时代，人类法天则地。天道是人道的坐标，人们以天道甄定个体的生命意义以及人类社会的生活秩序。历史演进至孔子生活的春秋时代，天道渐远，而人道礼崩乐坏。

春秋之中，弑君三十六，亡国五十二，诸侯奔走不得保其社稷者不可胜数。（《史记·太史公自序》）

人类社会生活陷入无序的乱世之中。个体在天地宇宙之中的位序迷失，亦即个体生活意义陷入虚无，人活于世而看不到希望。从"天道与人道"的关系视域来理解孔子一生之教育理想，我们才能更好明白孔子弥合天人之道旨在重新唤起个体从当下一己狭隘的现实生活境域中超拔出来，朝向更广阔的宇宙天地境域，思考人之为人之理。

如果说天地境域为个体发展提供基本的空间维度，那么古往今来的人类历史则为个体成人提供了基本的时间维度。

子在川上曰："逝者如斯夫！不舍昼夜。"（《论语·子罕》）

人类历史文明作为源头活水依然不断地向着当下涌现而流向未来，以此为个体生命敞开意义之源。个体发展意味着个体总是朝向自己的可能性发展，但是由当下现实性向将来可能性的超越却是由过去承袭而来。换言之，个体活在当下的意义是由对过去之反省与对未来之筹划两相牵扯中开显出来。

"我非生而知之者，好古，敏以求之者也。"（《论语·述而》）

孔子对于古代历史非常珍视，孜孜不倦、皓首穷经地整理古代文献，在处理文献时不断接受古典文明的熏陶。但孔子并不是把古典文献当作一个过去了的死了的材料来研究，而是将其当作一个仍然向当下而敞开的活生生的现时的历史来看待，让个体生命充分浸润于人类历史文明之中以扩充个体生命内涵。"子曰：天何言哉？四时行焉，百物生焉。天何言哉？"（《论语·阳货》）天地并不言说，时间也不言说，个体生命就栖居在无言的时空之中。但是宇宙天地从他的四时流行，百物滋生的赋形中包蕴着至高的真理。从这个意义而言，个体的生命价值便是要领悟这无言的天道真理。

　　　　"朝闻道，夕死可矣。"（《论语·里仁》）

　　孔子以他自己充满热忱的生命投入，弥合天人之道，亦即通过下学人事而觉醒于个体生命与个体生命之上那更高者之间的根本关联。作为师者的孔子，其一生的教育实践便是促成个体领悟天道，明了人的存在意义与生命价值，从而引领个体生命由个体向普遍，由有限向无限，由现实向超越，由束缚向自由，由自然向德性而提升，最终达至个体人格的神圣圆成。

（二）吾其为东周乎：笃行社会理想之现实路径

　　就人类社会整体而言，孔子带给当下教育的另一重要意义在于他永不止息的社会实践与批判活动。孔子的一生都以艰苦卓绝的努力投入他的教育实践中，以此来践行他的教育理想，对现成社会之不足予以批判与改良，并试图在东方复兴一个理想的人类社会："如有用我者，吾其为东周乎？"（《论语·阳货》）

　　孔子在自己的祖国鲁国为政，由中都宰至司空又为大司寇，政治理想功败垂成之后奔走周游列国凡十四年，始终坚守自己的理想，通过身体力行，为现实世界提供未来的希望。如果说孔子行私教在于关注个体完整成人，那么他的政教理想则不仅关注个体生命领域内的道德实践，还注重将个体的道德实践引向人类社会整体理想生活秩序的塑造，以个体生命秩序的改良来重整人类社会理想生活秩序。

　　孔子"祖述尧舜，宪章文武"，他把伏羲氏、轩辕氏、神农氏、颛顼、帝喾等上古传说中的英雄从理想的历史人物谱系中滤去，孔子所崇奉的古圣先王从尧帝起始，他不吝用最壮美的辞章毫无保留地盛赞心目中的第一位圣王："大哉尧之为君也！巍巍乎！唯天为大，唯尧则之。荡荡乎！民无能名焉。巍巍乎其有成功也，焕乎其有文章！"（《论语·泰伯》）"巍巍乎""荡荡乎"，尧的形象极高大，影响极深远，他订立人间的礼乐法则，万物生焉，四时行焉，如同天一般，让人不知如何称颂！

> "曰若稽古，帝尧曰放勋，钦明文思安安，允恭克让，光被四表，格于上下。克明峻德，以亲九族。九族既睦，平章百姓。百姓昭明，协和万邦，黎民于变时雍。"（《尚书·尧典》）

尧帝成为孔子心目中第一位圣王，其中一个重要原因是尧帝的精神有一种"稽古"的永恒关照。"稽古"意味着个体生命向人类之起源与开端的追溯，由此确立人类生活的意义与依据。生活意义的获致就如同在黑暗中获得了光亮，于是才有"光被四表，格于上下，克明俊德"的盛赞。换言之，孔子效法尧帝以"稽古"来追寻人类生活的意义之源。因此，就人类社会群体而言，孔子的理想是要在此世间建构一个完备而有序的意义世界，让每一个向死而生的生命个体都觉得此世美好而值得一活，从而都愿意为此共同遵循一套社会公共秩序。孔子将自然人性中最原始又最激烈涌动着的亲子之爱，即"慈—孝"之爱作为"仁"的源头，以"仁爱"为基源重新树立"礼"的普遍法则，亦即从人伦关系的源头处确立礼的内在依据。这样"礼"的外在约束便奠立于天道—人性的坚实基础之上。孔子复以"诗—乐"来引导个体心灵朝向美善事物的原型，让个体心灵在符合"礼"的社会生活秩序中感到内心的愉悦与安宁。

二、教学相长：孔子教化之道的代际传承

人类生命生生不息，代际生命理想的传递与更新带来人类的发展与进步，教育究其实质而言正是代际生命理想的传递与创生。[①] 我们可以看到孔

---

① 刘铁芳. 追寻生命的整全：个体成人的教育哲学阐释 [M]. 北京：高等教育出版社，2017：493.

子一生中最成功之处似乎并不表现在他与同龄人的相处中，而是更充分地表现在他与年轻人的交往活动中。孔子的理想在他在世时几乎全部落空，但在他故去后的时代，却得到了社会普遍而长久的认同。正如美国汉学家顾立雅所言："自古以来，教师的数目可谓不可胜数，但是像孔子那样以个人的身份并完全依靠对年轻人的教导而改变了人类历史进程的教师却是屈指可数。"①

（一）启予者商也："教"与"学"的互动与转化

孔子一生从未中断对年轻人的教诲与鼓励，尤其是对有潜质又好学的年轻人，他时常表现出由衷的欣赏。子曰："贤哉，回也！一箪食，一瓢饮，在陋巷，人不堪其忧，回也不改其乐。贤哉，回也！"（《论语·雍也》）孔子对颜回的赞赏自然流露出对弟子好学的欣赏，同时也是对自己为学事业后继有人的欣慰。孔子又自言："饭疏食饮水，曲肱而枕之，乐亦在其中矣。"（《论语·述而》）由此不难看出由学而乐的生命体验在师徒间的交往中传递会通，相互影响，不断提升。宋儒所谓"寻孔颜乐处，所乐何事"之教，就师者而言，意味着孔子之教的要义乃是引导年轻人深入体验为学之乐，由学而不断扩充自我生命内涵，不断被新的获得感充实，从而让现实之我向可能之我、理想之我转化。就师徒双方而言，即意味着师徒共同体验"教"与"学"之乐，"通过学与教之间的生动转换，人与人——年长者与年轻人、先觉者与后觉者——彼此联结起来，共同进入族类生命共同体之中"②。可见，孔子与年轻人的交往活动，亦即作为师者的"教"与作为学生的"学"的互动。这种"教"与"学"的互动，并不是单向度的，换言之师者并不只是在"教"，学生也并非只是在"学"，而是在此教学共同体中，相互促进，彼此成就，共同朝向更高事物。

　　子夏问曰："'巧笑倩兮，美目盼兮，素以为绚兮。'何谓也？"子曰："绘事后素。"曰："礼后乎？"子曰："起予者商也！始可与言

---

①　顾立雅. 孔子与中国之道［M］. 修订版. 高专诚，译. 郑州：大象出版社，2014：81.
②　刘铁芳. 学习之道与个体成人：从《论语》开篇看教与学的中国话语［J］. 高等教育研究，2018，39（8）：17.

《诗》已矣。"(《论语·八佾》)

在孔子与子夏的对话中，由子夏的发问，引发孔子对礼与仁之关系的再思考，再认识。而礼与仁的关系问题，又恰恰是关乎个体情感与社会礼制秩序的大问题。师生间从讨论一句诗的对话出发，一步步提升为对人类社会终极命题的深入思考。我们有理由相信，孔子在此对话场景中对礼的顿悟所展现的生命姿态一定在年轻的子夏（比孔子小44岁）的内心世界掀起了波澜，由"教"与"学"互动，带出了师生间心灵交往的深度互动。恰是在这师生的交往对话中师者的生命得以承续。后来，子夏作为孔门文学科高足对六经的传承与阐释达到了很高的境界，"诗书礼乐，定自孔子；发明章句，始于子夏"(《后汉书·邓张徐张胡列传》)。相传孔子将自己唯一的著作《春秋》传与子夏，"至于为《春秋》，笔则笔，削则削，子夏之徒不能赞一辞。弟子受《春秋》，孔子曰：'后世知丘者以《春秋》，而罪丘者亦以《春秋》'"(《史记·孔子世家》)。孔子逝世后，众弟子在老师的墓前以父子之礼守制三年，子贡更是服丧六年。师者已逝，然薪尽而火传。在师者与弟子所展开的交往对话中，师徒的嘉言懿行及其所彰显的文明教化之道，在一代代年轻的生命中得以传递。

（二）虽百世可知也：个体生命向人类历史的延伸

孔子教化之道的传承并不仅仅意味着"孔门之道"的传承，换言之，孔子教化之道所开启的并非独门学派之道，而是将个体导向人类历史文明整体的通衢大道。由此而言，孔门师徒间的教学活动也不仅仅是知识、文化、技能的简单授受，而是以教与学打开个体生命，让个体从一己狭窄的周遭生活境遇向宽广悠远的人类整体历史文明境域来延伸。"教与学相统一的活动，并不仅仅是一种人类知识传统与文化赓续的活动，其更为基本的意义是在承前启后的过程中建立生命的共同体，更准确地说是不断地维系、保持真实而鲜活的人类生命共同体。"[1]

---

[1]　刘铁芳. 学习之道与个体成人：从《论语》开篇看教与学的中国话语 [J]. 高等教育研究，2018，39（8）：17.

> 子张问："十世可知也?"子曰："殷因于夏礼，所损益，可知也；周因于殷礼，所损益，可知也。其或继周者，虽百世，可知也。"(《论语·为政》)

人活在当下，却要追问身后三百年的事情，子张提出了一个历史哲学的大问题，由此引发的师徒对话展现了师徒共同探寻人类历史文明的延续性及其所彰显的永恒价值。不难看出子张之问不仅系于对当下人类生活之关切，还系于对未来人类生活之关切，而孔子面对子张之问的应答更蕴含着对人类历史深远的关怀。孔子唤起弟子从一代又一代人类共同创造的历史文明来扩充自我生命，不断以自我生命投入为人类历史文明贡献一份力量。由此可见，孔门教学并不是单纯地去追溯过往的历史事件本身，而是要追问历史事件带入当下与未来的意义。东汉的马融解释："所因，谓三纲五常，所损益，谓文质三统。物类相召，世数相生，其变有常，故可预知。"① 历史带给当下的意义首先意味着个体经由历史文明的熏陶超越私己性存在而怀着同情之心走向"以类相召"的群体，于是个体之于族类的意义才得以认同和彰显，基于个体的共通性所构成的人类历史才得以被后世理解，才能在历史发展之"变"中探寻文明演进之"常"，在"变"与"常"的张力中获悉历史发展的动因，从而把握天地人事的当下情状与未来趋势。子曰："周监于二代，郁郁乎文哉！吾从周。"(《论语·八佾》)周代承袭夏商两代的礼乐文教政典而有所损益，郁郁乎日渐美盛，这华美的盛况必然是人类文明历代因袭相继的结果，历史在一代又一代人的生命中充分显现其意义。

> 子曰："人能弘道，非道弘人。"(《论语·卫灵公》)。

此处的"道"就是"路"——人类生活的根本出路，亦即由虚无、混沌、破碎世界通达意义、有序、整全世界的道路。但孔子认为这世间并没

---

① 黄怀信. 论语汇校集释：上册［M］. 上海：上海古籍出版社，2008：182.

有一条现成的道路能直达人类生活的理想状态，人类生活的理想状态最终需要一代又一代的人亲自实践达成。在孔子看来这条道路就是以"仁爱"精神为内核的"人道"（仁道）。孔子这句简明的话语也成为鼓舞后世中国知识阶层担负人道使命，匡扶历史正义的精神激励。在这种激励的感召下，一代又一代"志士仁人"以其生命实践描绘出中国人的生存图景。尽管"天下归仁"的理想之道漫漫修远，但道不远人，道路就在脚下。

三、好古敏求：敞开古典于当下

教育既需要有理想超越的维度，也需要将理想纳入切实行动的现实维度，真正彻底的理想主义者，一定同时也是坚定踏实的现实主义者。能够促以成行的思方为慎思，慎思之中的行方为笃行，理想的教育一定是慎思与笃行两相结合的完整成人之道。教育是培养人的事业，这就需要始终将其视野聚焦于人，聚焦于人与人的关系之中。从共时性言，"启发"与"举一反三"是同代之间教育展开的过程。从历时性言，教育的要义是在代与代之间实现"道的传承"。

细读经典，回到孔子的师者人生，我们或许有感于孔子所彰显的师者典范精神以及由此而敞开的中国古典教化的成人意蕴。孔子一生从未停止对人类生存处境之根本问题的思考，也从未停止以切实的行动来践履他的教育理想。尽管在现实世界处处遭受挫折，孔子充分认识世道人心的复杂性后仍然满怀热忱一以贯之地坚守他的大道。孔子将教化人心的视野聚焦于人与人的关系之中，以他独一无二的"启发"唤起人的生命自觉。孔子以他自己置身历史时间中的深度自觉，与学而不厌、诲人不倦的姿态，打通自我朝向先贤与后学的生命交往之道，由此一步步引导个体从一己的生活境遇出发向同辈的他者延伸，向人类整体历史文明延伸。由此言之，孔子一贯之道不仅是孔子在个人生命历程中始终持守的教化之道，更敞开了中华文明古典教育之道。

今天，我们重温古典，缅怀孔子的师道精神并不是为了一骋怀古幽情，更不是试图重返孔子时代的古代教育，而是为了把孔子所彰显的古典教化精神更好地带入当下，其根本意义是"为个体发展寻求价值根源，敞开当下教育的价值本源，孕育个体成人的价值根基，由此而把民族的精神血脉带入当下"①。但是任何把古典带入当下的努力，需依凭我们对古典保持一份温情与敬意，以及对当下教育的深刻省思。唯有当我们从自我教育的生活经验出发对当下教育进行深入反思的时候，古典教化才会向我们彰显其真实的意义。

---

① 刘铁芳．敞开起源于当下：我们为何要重温古典教育传统［J］．教师教育研究，2019，31（5）：8．

参考文献

一、著作类

[1] 阮元. 十三经注疏·尚书正义 [M]. 上海：上海古籍出版社，1997.

[2] 阮元. 十三经注疏·周礼注疏 [M]. 上海：上海古籍出版社，1997.

[3] 阮元. 十三经注疏·礼记正义 [M]. 上海：上海古籍出版社，1997.

[4] 阮元. 十三经注疏·尔雅注疏 [M]. 上海：上海古籍出版社，1997.

[5] 阮元. 十三经注疏·毛诗正义 [M]. 上海：上海古籍出版社，1997.

[6] 阮元. 十三经注疏·论语注疏 [M]. 上海：上海古籍出版社，1997.

[7] 阮元. 十三经注疏·孟子注疏 [M]. 上海：上海古籍出版社，1997.

[8] 阮元. 十三经注疏·春秋左传正义 [M]. 上海：上海古籍出版社，1997.

[9] 杨伯峻. 春秋左传注 [M]. 北京：中华书局，1981.

[10] 苏兴. 春秋繁露义证 [M]. 北京：中华书局，1992.

[11] 司马迁. 史记 [M]. 长沙：岳麓书社，2012.

[12] 许慎. 注音版说文解字 [M]. 北京：中华书局，2015.

[13] 朱熹. 四书章句集注 [M]. 北京：中华书局，1983.

[14] 王夫之. 读四书大全说：上册 [M]. 北京：中华书局，1975.

[15] 段玉裁. 说文解字注 [M]. 上海：上海古籍出版社，1981.

[16] 方玉润. 诗经原始：上册 [M]. 北京：中华书局，1986.

[17] 刘文典. 淮南鸿烈集解：上册 [M]. 上海：上海科学技术文献出版社，2015.

［18］刘宝楠．论语正义［M］．北京：中华书局，1990．

［19］程树德．论语集释［M］．北京：中华书局，2013．

［20］杨树达．杨树达文集：论语疏证［M］．上海：上海古籍出版社，2013．

［21］钱穆．论语新解［M］．北京：九州出版社，2011．

［22］杨伯峻．论语译注［M］．北京：中华书局，1980．

［23］黄怀信．论语汇校集释［M］．上海：上海古籍出版社，2008．

［24］辜鸿铭．中国人的精神［M］．陈高华，译．西安：陕西师范大学出版社，2011．

［25］钱穆．国史大纲［M］．北京：商务印书馆，1996．

［26］钱穆．孔子传［M］．北京：生活·读书·新知三联书店，2012．

［27］朱光潜．诗论［M］∥朱光潜全集：第三卷．合肥：安徽教育出版社，1987．

［28］李泽厚．中国思想史论：上［M］．合肥：安徽文艺出版社，1999．

［29］李泽厚．华夏美学［M］∥美学三书．合肥：安徽文艺出版社，1999．

［30］马茂元．古诗十九首初探［M］．北京：商务印书馆，2017．

［31］张祥龙．《尚书·尧典》解说［M］．北京：生活·读书·新知三联书店，2015．

［32］张祥龙．孔子的现象学阐释九讲——礼乐人生与哲理［M］．上海：华东师范大学出版社，2009．

［33］刘小枫．西方民主与文明危机［M］．北京：华夏出版社，2018．

［34］刘小枫．拯救与逍遥［M］．上海：华东师范大学出版社，2011．

［35］何怀宏．良心论［M］．北京：北京大学出版社，2009．

［36］李启谦．孔门弟子研究［M］．济南：齐鲁书社，1987．

［37］蒋庆．公羊学引论：儒家的政治智慧与历史信仰［M］．修订本．福州：福建教育出版社，2014．

［38］邓晓芒．实践唯物论新解：开出现象学之维［M］．武汉：武汉大学出版社，2007．

［39］李零．丧家狗：我读《论语》［M］．太原：山西人民出版社，2007．

[40] 石中英. 教育哲学 [M]. 北京：北京师范大学出版社，2007.

[41] 刘铁芳. 追寻生命的整全：个体成人的教育哲学阐释 [M]. 北京：高等教育出版社，2017.

[42] 刘铁芳. 什么是好的教育——学校教育的哲学阐释 [M]. 北京：高等教育出版社，2014.

[43] 刘铁芳. 古典传统的回归与教养性教育的重建 [M]. 北京：北京师范大学出版社，2010.

[44] 柯小刚. 思想的起兴 [M]. 上海：同济大学出版社，2007.

[45] 柯小刚. 道学导论：外篇 [M] 上海：华东师范大学出版社，2010.

[46] 陈桂生. 人的全面发展理论与现时代 [M]. 上海：华东师范大学出版社，2012.

[47] 李江源，敬仕勇，沈成明. 走向自由：教育制度与人的全面发展 [M]. 成都：四川教育出版社，2011.

[48] 谢安邦，张东海. 全人教育的理论与实践 [M]. 上海：华东师范大学出版社，2011.

[49] 桑标. 儿童发展 [M]. 上海：华东师范大学出版社，2014.

[50] 洪涛. 逻各斯与空间：古代希腊政治哲学研究 [M]. 上海：上海人民出版社，1998.

[51] 许仁图. 哲人孔子传 [M]. 上海：上海三联书店，2016.

[52] 陈赟. 中庸的思想 [M]. 杭州：浙江大学出版社，2017.

[53] 吴小锋. 古典诗教中的文质说探源 [M]. 上海：华东师范大学出版社，2016.

[54] 柏拉图. 理想国 [M]. 郭斌和，张竹明，译. 北京：商务印书馆，2009.

[55] 柏拉图. 柏拉图对话集 [M]. 王太庆，译. 北京：商务印书馆，2004.

[56] 柏拉图. 柏拉图全集：第一卷 [M]. 王晓朝，译. 北京：人民出版社，2002.

[57] 亚里士多德. 尼各马科伦理学 [M]. 苗力田，译. 北京：中国人民

大学出版社，2003.

［58］让－雅克·卢梭. 爱弥儿：全两卷［M］. 李平沤，译. 北京：商务印书馆，1978.

［59］让－雅克·卢梭. 论科学与艺术［M］. 何兆武，译. 上海：上海世纪出版集团，2007.

［60］伊曼努尔·康德. 论教育学［M］. 赵鹏，何兆武，译. 上海：上海世纪出版集团，2005.

［61］席勒. 审美教育书简［M］. 张玉能，译. 南京：译林出版社，2012.

［62］马克思.1844 年经济学哲学手稿［M］. 中共中央马克思恩格斯列宁斯大林著作编译局，编译. 北京：人民出版社，2000.

［63］马克思，恩格斯. 马克思恩格斯文集：第一卷［M］. 中共中央马克思恩格斯列宁斯大林著作编译局，编译. 北京：人民出版社，2009.

［64］马克思，恩格斯. 马克思恩格斯文集：第三卷［M］. 中共中央马克思恩格斯列宁斯大林著作编译局，编译. 北京：人民出版社，2009.

［65］胡塞尔. 欧洲科学的危机与超越论的现象学［M］. 王炳文，译. 北京：商务印书馆，2017.

［66］马丁·海德格尔. 存在与时间［M］. 修订译本. 陈嘉映，王庆节，译. 北京：生活·读书·新知三联书店，2006.

［67］汉斯－格奥尔格·伽达默尔. 诠释学I：真理与方法［M］. 洪汉鼎，译. 北京：商务印书馆，2013.

［68］艾伦·布鲁姆. 美国精神的封闭［M］. 战旭英，译. 南京：译林出版社，2011.

［69］B. A. 苏霍姆林斯基. 给教师的建议：全一册［M］. 修订版. 杜殿坤，译. 北京：教育科学出版社，1984.

［70］马克斯·范梅南. 教学机智——教育智慧的意蕴［M］. 李树英，译. 北京：教育科学出版社，2001.

［71］顾立雅. 孔子与中国之道［M］. 修订版. 高专诚，译. 郑州：大象出版社，2014.

二、论文类

［1］黄济．构建中国特色、中国风格、中国气派的教育哲学［J］．教育研究，2004（9）．

［2］黄济．中国古代教育哲学思想的发展历程及其主要特点［J］．北京师范大学学报（社会科学版），1994（6）．

［3］黄济．关于传统教育现代化的几点思考［J］．北京师范大学学报（社会科学版），1995（5）．

［4］朱维铮．《论语》结集脞说［J］．孔子研究，1986（1）．

［5］陈来．周文化与儒家思想的根源［J］．现代哲学，2019（3）．

［6］张祥龙．中国古代思想中的天时观［J］．社会科学战线，1999（2）．

［7］张祥龙．境域中的"无限"——《论语》"学而时习之"章析读［J］．江苏社会科学，1999（6）．

［8］张祥龙．现象学视野中的孔子［J］．哲学研究，1999（6）．

［9］邓晓芒．苏格拉底与孔子的言说方式比较［J］．开放时代，2000（3）．

［10］黄怀信．《论语》中的"仁"与孔子仁学的内涵［J］．齐鲁学刊，2007（1）．

［11］倪梁康，张祥龙．孔子如何说"仁"？（笔谈）［J］．现代哲学，2013（2）．

［12］傅道彬．"诗可以观"——春秋时代的观诗风尚及诗学意义［J］．文学评论，2004（5）．

［13］张传燧．孔子与苏格拉底对话教学法：比较文化视角［J］．教师教育研究，2006（6）．

［14］李清良．孔子与中国古代文论的思维方式和言说方式［J］．东方丛刊，1998（1）．

［15］刘铁芳，刘向辉．重启教育研究的古典传统［J］．国家教育行政学院学报，2016（5）．

［16］刘铁芳，刘艳侠．精致的利己主义症候及其超越：当代教育向着公共生活的复归［J］．高等教育研究，2012，33（12）．

［17］刘铁芳．返回生活世界教育学：教育何以面对个体生命成长的复杂性［J］．教育研究，2012，33（1）．

[18] 刘铁芳．学习之道与个体成人：从《论语》开篇看教与学的中国话语 [J]．高等教育研究，2018，39（8）．

[19] 刘铁芳．敞开起源于当下：我们为何要重温古典教育传统 [J]．教师教育研究，2019，31（5）．

[20] 柯小刚．复质与广大：《论语》和《诗经》的诗教思想 [J]．湖南师范大学教育科学学报，2015，14（1）．

[21] 柯小刚．教学与他者的伦理：《论语·学而》首章解读 [J]．现代哲学，2010（1）．

[22] 讷言．孔子与苏格拉底言说方式辨正——与邓晓芒先生商榷 [J]．孔子研究，2005（4）．

[23] 孔京京．试论孔子教育性对话言说方式的基本特征 [J]．孔子研究，2007（5）．

[24] 李长伟．相对主义时代的教育封闭 [J]．湖南师范大学教育科学学报，2015，14（5）．

[25] 李长伟，谢镒逊．教育：在返回古典中前行 [J]．湖南师范大学教育科学学报，2017，16（2）．

[26] 徐娜娜．20世纪以来孔子教师形象研究综述 [J]．商丘师范学院学报，2018，34（4）．

[27] 杨宽．我国古代大学的特点及其起源——兼论教师称"师"和"夫子"的来历 [J]．学术月刊，1962（8）．

[28] 张晚林，姜燕．"学达性天"解——教育目的之存在论诠释 [J]．重庆高教研究，2013，1（2）．

[29] 陈怡．"学达性天"解读 [J]．大学教育科学，2008（3）．

[30] 彭林．从"三达德"看孔子的"述而不作" [J]．孔子研究，2012（5）．

[31] 王世明．孔子伦理思想发微——现代生活语境中的《论语》解读 [D]．北京：清华大学，2004．

[32] 高书文．孔子成德思想研究 [D]．北京：北京师范大学，2008．

[33] 彭吉军．《论语》话题结构研究 [D]．武汉：华中科技大学，2011．

[34] 冯晨．我欲仁，斯仁至矣——对孔子仁的解读 [D]．上海：复旦大

学，2012.

[35] 韩丽娟.《礼记》中的礼乐教化美育思想与儒家审美人格的建构 [D]. 济南：山东大学，2012.

[36] 苟东锋. 孔子正名思想研究 [D]. 上海：复旦大学，2012.

[37] 黄艳. 孔子生命教育思想研究 [D]. 郑州：郑州大学，2013.

[38] 贺卫东. 先秦儒家《诗》教美育思想研究 [D]. 西安：陕西师范大学，2013.

[39] 夏永康. 四书"仁智双彰"的课程哲学思想研究 [D]. 上海：华东师范大学，2013.

[40] 陈祥龙. 作圣之基——《论语》教本研究 [D]. 上海：华东师范大学，2014.

[41] 谢武纪. 教育学知识真理观寻思 [D]. 长沙：湖南师范大学，2016.

后 记

此书稿是在我博士学位论文基础上修改充实而来的。回忆当时写作的经历，个中体验了前所未有的艰难挑战。多少夜晚，我在紧张焦虑中难以入眠。自下笔伊始，我深知以孔子为题做研究，无非是在浩如烟海的文献中再添一泥牛。泥牛入海，杳无回响，这是本书的宿命。但我也深知，此番历练于己而言，也必得凤凰涅槃，浴火重生。孔子曰"古之学者为己，今之学者为人"，荀子言"入乎耳，著乎心，为己也。入乎耳，出乎口，为人也。为己，履道而行。为人，徒能言之"。古圣先贤为学之道，首在以学打开自我生命。入乎耳，著乎心，布乎四体，形乎动静，修美其身，自诚尽性，日新又新。自我生命得以滋养与提升，这岂不是此书的意义所在？

一个秋高气爽的傍晚，我与博士同学兼挚友朝阳及同门师弟向辉一同登岳麓山。行至山腰，意兴正酣。因我本科与硕士研究生阶段都不是学教育学，于是朝阳问我为什么选择攻读教育学博士，我脱口而出："因为我非常喜欢读恩师铁芳先生的文章。"两位听后有些诧异，但转念一想又觉不无道理。太史公曰"余读孔氏书而想见其为人"，《学记》言"安其学而亲其师"。其实，我未入师门前已然私淑于先生，为先生之文章与人格所化。攻读学位期间，每周三下午先生都会召集弟子们开研讨会，有时候我们在风景宜人的桃子湖畔边走边聊，有时候我们又围着先生坐在草地上各言心志。湖光山色，斜阳又沐；荷叶田田，秋爽复浴，颇有"浴乎沂，风乎舞雩，咏而归"的气象。节日里先生向弟子们赠送新成的著作，弟子们向先生畅叙近来的心得。郁郁乎，文不在兹乎？多年后，一幕幕美好的教育场景仍不断地向当下涌现，滋润着我的心灵。

回望师门求学的几年，我一直得到先生的敲打、鞭策、鼓励，但更多的是启发。不仅如此，在生活上与工作中，我也一直得到先生的体贴照顾。写作书稿的全过程，我也一直得到先生的指导、点拨。弟子自当永佩师恩，万劫不忘。只因我生性愚拙，在先生所行道上，难以贡献学术成就而愧对先生。唐代茶圣陆羽有言，"惟余夜半泉中月，留照先生一片心"，弟子或只能将自己心意所向往的美好，默默地祝福先生。

之所以选此题目，也与我本科阶段时为湖南师范大学中文系教授，现为岳麓书院教授李清良先生分不开。彼时，先生为我们开设选修课"论语研读"，清良先生翩翩君子，温文尔雅，课堂上循循善诱，将我领入圣人之门。2019 年 9 月 28 日，孔子诞辰 2570 周年，岳麓书院举行祭孔大典。蒙先生惠允前往观礼，我的心灵为古礼古乐所感动，体验到"尽善尽美"的境界。

我要感谢我的叔父孙家骥先生。叔父教师出身，对教育事业始终怀拳拳赤诚之心。书稿草成后承叔父逐字细阅，所提宝贵意见给予我很大助益与鼓励。

我更要感恩至亲至爱的父母，因为他们给予我生命，养育我成长。父亲于我攻博期间不幸溘然长逝，留给我无尽的哀思。父亲生前一直以中国读书人"修齐治平"理想立身处世：入则事父母竭其力，与弟兄姊妹手足情深；出则乐与人交，却从不奔走于权贵之门。父亲在家族长辈口中名唤"荷清"，故此他常以荷花勉励自己保守纯良美善秉性，常吟诵《离骚》中的句子"纷吾既有此内美兮，又重之以修能"。他的言传身教，让我感悟《中庸》"仁者人也，亲亲为大"的训示，让我于幽微处心曲相通地体贴祖上遗风以及古仁人之心，滋养我的人文情怀。犹记童年时代家里住房条件有限，我的卧室又兼父亲的书房。每晚睡前，父亲都要给我讲故事，哄我睡后，自己再读书写作。多次夜里醒来，父亲伏案灯前，夜窗展读的背影如今仍常在我眼前浮现。长大后，我也渐渐养成阅读习惯，于经典中汲取力量，踵武前贤，去追问生活的意义，努力活出理想的样式来。如今，我也已为人父，更能体会父母的养育之情。我给女儿取名"念兹"，既为对仗父亲赐我之名"意远"，也为深深感念父母的养育之恩。

最后，本书的出版得到了湖南师范大学出版社的大力支持，特别是出版社总编辑黄林先生与编辑部副主任孙雪姣女士的热情相助。本书的责任编辑吴鸿红女士认真细致地匡正了书中原有的不少错误。在此一并敬申谢忱。

孙意远
2024 年 4 月 28 日